IØ113629

Felix Emil Krueger

Der Begriff des absolut Wertvollen als Grundbegriff der

Moralphilosophie

Felix Emil Krueger

Der Begriff des absolut Wertvollen als Grundbegriff der Moralphilosophie

ISBN/EAN: 9783743416789

Hergestellt in Europa, USA, Kanada, Australien, Japan

Cover: Foto ©Thomas Meinert / pixelio.de

Felix Emil Krueger

Der Begriff des absolut Wertvollen als Grundbegriff der Moralphilosophie

DER BEGRIFF

DES

ABSOLUT WERTVOLLEN

ALS

GRUNDBEGRIFF DER MORALPHILOSOPHIE.

VON

Dr. FELIX KRUEGER.

Gesetzt aber, es gäbe etwas, dessen
Dasein an sich selbst einen a b s o l u t e n
Wert hat, . . . so würde in ihm, und nur
in ihm allein der Grund eines möglichen
kategorischen Imperativs, d. i. praktischen
Gesetzes liegen.   (*Kant.*)

LEIPZIG,

DRUCK UND VERLAG VON B. G. TEUBNER.

1898.

MEINEN ELTERN

IN DANKBARKEIT UND HERZLICHER VEREHRUNG

GEWIDMET.

Die sozialen Gegensätze und wirtschaftlichen Kämpfe, von denen unser Zeitalter so heftig bewegt wird, haben auch das ethische Interesse allgemein gesteigert und neu belebt. Das Moralproblem kann nicht umgangen werden, wo es sich um weitgreifende und tief einschneidende Interessenfragen handelt, wo stark verbreitete und historisch fest gewordene Werturteile lebhaft umstritten, wo Neuerungen von grofser kultureller Tragweite gefordert werden. Aber aus diesem Verflochtensein ethischer Interessen mit drängenden Bedürfnissen des praktischen Lebens, mit sog. brennenden Tagesfragen, erwächst den moralphilosophischen Bemühungen eine Gefahr, mit der auch die Wissenschaft vom wirtschaftlichen Leben zu kämpfen hat: die Gefahr nämlich, dafs die Breite und Lebhaftigkeit der Diskussion die theoretische Gründlichkeit verringert und die Vertiefung der Probleme hindert, dafs insbesondere die wirklich prinzipiellen Fragen allzu weit in den Hintergrund gedrängt werden.

Die ethische Theorie des Sozialutilitarismus hätte die weite Verbreitung und allgemeine Anerkennung, die sie heute besitzt, schwerlich finden können, wenn nicht gewisse volkswirtschaftliche Bedürfnisse und Thatsachen die Aufmerksamkeit der Ethiker auf sich gezogen hätten. Immer genauer und allgemeiner wurde in neuerer Zeit die Bekanntschaft mit dem materiellen Elend breiter Volksschichten. Das führte naturgemäfs zu einer stärkeren Betonung der Pflicht jedes einzelnen, für das eudämonistische „Wohl" anderer zu sorgen. Und es konnte nicht ausbleiben, dafs eine relativ so hochberechtigte sittliche Forderung absolut gesetzt wurde, dafs sie zum obersten

ethischen Postulat sich auswuchs. Die Sorge für das Glück
aller oder möglichst vieler wurde für zahlreiche Moralisten
zum Kennzeichen und Mafsstab der moralischen Gesinnung
schlechthin.

Das Unzureichende dieses Moralprinzips tritt, wie mir
scheint, schon durch eine genauere Betrachtung der wirtschaftlichen Thatsachen zu Tage. Man kann die Bestrebungen für
eine Verkürzung der Arbeitszeit, für höhere Löhne, für persönliche Freiheit, für die geistige und sittliche Hebung der ar-
beitenden Klassen nicht unterschiedslos dem Begriff der sozialen Glücks- oder Luststeigerung unterordnen, derart, dafs
es dabei überall nur auf quantitative Verhältnisse der Lust
ankäme. Das Charakteristische, wodurch die Ware „Arbeit"
von allen übrigen Waren sich unterscheidet, besteht in ihrer
eigentümlich persönlichen Qualität; darin, dafs sie von der
Person ihres Verkäufers nicht zu trennen ist, und dafs daher
der Arbeitsvertrag immer auch mehr oder weniger ein Herr-
schaftsvertrag ist. Hierin scheint mir der ethische Kern der
sog. Arbeiterfrage zu liegen. Und schon die wirtschaftlichen
Konsequenzen, die hieraus sich ergeben, sind geeignet, über
den Sozialutilitarismus im strengen und eindeutigen, d. h. im
eudämonistischen Sinne, weit hinauszuführen.

Aber die Hauptsache ist, dafs das Prinzip moraltheo-
retisch in keiner Weise genügen kann. Zugegeben, dafs die
Forderung des Sozialutilitarismus als sittliche Pflicht allgemein empfunden werde: es ist noch nie bewiesen worden,
dafs diese Pflicht alle anderen Forderungen des sittlichen
Bewufstseins restlos in sich einschliefse. Die Frage ist, ob
die soziale Luststeigerung in der That das oberste und absolute Ideal sei, dem alle übrigen menschlichen Werte sittlicherweise sich unterzuordnen hätten. Ist das sozialeudämoni-
stische Prinzip der unbedingt giltige Mafsstab des moralischen
Wertes? Welches ist der Grund der absoluten Verpflichtung
zum sozial-nützlichen Verhalten?

Auf solche Fragen pflegen die Vertreter der Theorie zu antworten, dafs die moderne Ethik gar nicht daran denke, einen absoluten Verpflichtungsgrund oder ein unbedingt giltiges Prinzip der moralischen Beurteilung zu suchen. Man sieht aber nicht, dafs mit diesem prinzipiellen Verzicht die Ethik sich als solche selbst aufgiebt.

Mir scheint allerdings das Grundproblem aller Moralphilosophie in der Frage zu bestehen: Welches ist das unbedingt giltige Prinzip der moralischen Beurteilung, d. h. der Werturteile über menschliches Wollen? — oder, was dasselbe sagt: Was hat für den Menschen absoluten Wert?[1]) Sobald man diese Frage als unlösbar ausscheidet, hört die Moralphilosophie auf, eine selbständige Wissenschaft zu sein; es kann sich dann nur noch um eine Entstehungs- und Entwickelungsgeschichte „moralischer" Vorurteile handeln. Vom sozialutilitarischen Standpunkt aus kann allenfalls eine ökonomische und sozialpsychologische Statistik versucht werden über das, was in einem bestimmten Zeitabschnitt für bestimmte Gesellschaftsgruppen nützlich oder schädlich ist. Aber die Bezeichnung solcher Versuche als ethischer wäre rein willkürlich. Auch die, an sich natürlich höchst interessanten, Untersuchungen zur vergleichenden Rechts- und Sittengeschichte können niemals die Bemühung um die wirkliche ethische Grundfrage ersetzen. Die sog. Entwickelungsethik setzt regelmäfsig ein bestimmtes Resultat schon voraus; gewisse Anschauungen über das moralisch Wertvolle, über das, was eine historische Veränderung zur sittlichen Entwicklung macht, werden ungeprüft und meistens unausgesprochen zum Mafsstab der Beurteilung genommen.

Prinzipiell erklärt man sich neuerdings fast allgemein für einen ausnahmslosen ethischen Relativismus. Es bleibt dabei, wie gesagt, nur das Eine unverständlich, dafs man trotzdem noch von Moral und moralischen Werten redet. In eindeutiger

---

1) Vgl. im Folgenden: S. 24; 27/8; Kap. IV.

und widerspruchsloser Weise könnte das erst dann geschehen, wenn man ein unbedingt giltiges Prinzip der moralischen Beurteilung gefunden hätte und voraussetzen dürfte. Dessen Anwendung würde unvermeidliche Relativitäten ergeben (hinsichtlich der einzelnen wechselnden Inhalte der moralischen Bethätigung und Beurteilung), die die Moralwissenschaft nicht zu scheuen hätte, weil sie einer einheitlichen wissenschaftlichen Behandlung fähig wären.[1])

Die Vertreter des Sozialutilitarismus pflegen, im Gegensatz zu jeder metaphysichen Begründung der Ethik, ihren rein empiristischen Standpunkt stark zu betonen; sie suchen insbesondere auf psychologischem Wege den ethischen Problemen beizukommen. Hierin sicherlich liegt eine grofse historische Bedeutung dieser Phase in der Entwickelung der Moralphilosophie. Aber die Utilitaristen gehen nicht weit genug in der psychologischen Analyse.[2]) Im Allgemeinen gipfelt ihre Moralpsychologie in den beiden Sätzen: 1) Jeder strebt notwendig und unbedingt nach Steigerung und Erhaltung seines eigenen Glücks. 2) Wir sind aufserdem psychisch so veranlagt, dafs wir, der eine mehr, der andere weniger, Lust haben an der Lust anderer und ihre Lustminderung unlustvoll empfinden. — Über die Entstehung und das psychologische Wesen dieses Mitgefühls, dieser „sympathischen Instinkte", und über ihr Verhältnis zu dem individuellen „Glückseligkeitstriebe" sind die Vertreter des sozialutilitarischen Moralprinzips ziemlich geteilter Ansicht. Viele sind geneigt, schon hier, als bei etwas psychologisch Letztem, prinzipiell stehen zu bleiben, und beschränken sich im Übrigen auf historische Untersuchungen und auf praktische Vorschläge einer ökonomischen Lebensklugheit.

---

1) Am absoluten Werte gemessen, mufs natürlich jeder Wert, der damit nicht völlig identisch ist, zu einem relativen werden.
2) Vgl. unten Kap. II; IV.

Sollten nicht die sog. „spekulativen" Ethiker, die man heute so geringschätzig behandelt, sollten nicht z. B. die Philosophen des deutschen Idealismus zuweilen schon weiter geblickt haben? Gewifs, sie überschritten allenthalben die Grenzen möglicher Erfahrung und liebten es, mit dichterischer Phantasie die Lücken ihrer Systeme auszufüllen. Aber schliefslich war es doch auch diesen spekulativen Geistern nur um den Menschen, um die Erkenntnis des Menschlichen zu thun, und noch das, was sie im Unerkennbaren zu schauen glaubten, war in der Regel nur ein ins Metaphysische hinein projiziertes (und freilich vorzeitig abgerundetes) Bild psychologischer Ansichten und lebensfähiger Ideale, die ihr vielumfassender Geist zunächst aus der gegebenen Wirklichkeit abgezogen hatte. Vor allem: sie hatten den Mut der letzten Fragen, der prinzipiellen Problemstellung, den man, wie ich glaube, nicht zu verlieren braucht, wenn man gewillt ist, in rein wissenschaftlicher Weise sich auf das Erfahrbare zu beschränken.

Auch Kant war sicherlich in seiner Ethik nicht frei von metaphysischen Annahmen. Aber trotzdem behaupte ich, dafs er die Moralphilosophie weiter geführt hat, als irgend einer seiner Vorgänger, und dafs nach ihm die ethische Prinzipienlehre keinen wesentlichen Fortschritt gemacht hat. Seit dem Niedergange des philosophischen Geistes in Deutschland um die Mitte unsres Jahrhunderts hat man vielfach die Berührung mit der sog. idealistischen Philosophie nahezu verloren. Die neuere Erkenntnistheorie hat vor etwa drei Jahrzehnten begonnen, sich wieder auf Kant zu besinnen, und sicherlich nicht zu ihrem Schaden. Die Moralphilosophie wird diesem Beispiel folgen müssen.

Freilich: nicht in einer kritiklosen Rückkehr zu Kant kann heutzutage die Ethik ihre Aufgabe erblicken. Als Moralphilosoph hängt Kant viel inniger mit seiner Zeit und ihren Schwächen zusammen, denn als Kritiker der Erkenntnis. Und durch seine eigene Erkenntnistheorie wird seine Ethik teil-

weise zu korrigieren sein. Die Konsequenzen der Kantischen
Erkenntnislehre sind für die Moraltheorie noch keineswegs
vollständig gezogen worden. Man fördert weder das rechte
Verständnis für Kants Werk, noch die Moralphilosophie selbst,
wenn man, wie das einige vorzügliche Kenner der Kantischen
Philosophie zu thun pflegen, Kants unanalysierte und teilweise so vieldeutige Begriffe blofs dialektisch paraphrasiert
und immer wieder hin- und herschiebt. Von Kants Ethik
gilt, wie ich glaube, ganz besonders, was von seiner Philosophie überhaupt einer ihrer besten und verehrungsvollsten
Interpreten gelegentlich gesagt hat: Kant verstehen, beifst —
über ihn hinausgehen. Die Schöpfer geschlossener philo-
sophischer Systeme sind selbst nicht anders gerecht zu wür-
digen, als dafs man (den Rat Herbarts an Schelling befolgend)
sich entschliefst, „aus den Durchgängen ihrer Systeme hervor-
zutreten und neues Land zu gewinnen". [1]) Das ist umso un-
erläfslicher für jeden, dem die philosophische Kritik, und die
Beschäftigung mit historisch vorliegenden Theorieen überhaupt, nicht Selbstzweck, sondern nur ein Mittel ist, zu neuen
Erkenntnissen, zu positiven philosophischen Einsichten zu
gelangen.

Kant hat uns gelehrt, dafs alles Objektive in der Welt
auf subjektive, psychische Funktionen und Gesetzmäfsigkeiten
zurückzuführen ist. Die Aufgabe, die aus dieser fundamentalen Einsicht der Psychologie erwächst, ist für das Gebiet
des Wollens und der Werte noch nicht gelöst. Die Ethik
kann auf ein objektiv giltiges oberstes Werturteil nicht verzichten, will sie über den Skeptizismus und den unumschränkten
Relativismus hinauskommen. Soll aber zugleich jede metaphysische Voraussetzung ausgeschlossen bleiben, so darf nicht
irgend ein aufserpsychischer Zustand oder ruhender „End-

---

1) Herbart [10], S. 18. — [Die in eckige Klammern eingeschlossenen
Zahlen beziehen sich auf die Nummern des Litteraturverzeichnisses].

zweck" als absolut wertvoll angesprochen werden. Das unbedingt giltige Werturteil — wenn es ein solches giebt —
wird vielmehr auf eine funktionelle Gesetzmäfsigkeit unsres
psychischen Lebens sich gründen müssen.

Im Folgenden soll zunächst, zum Zweck der methodischen
Orientierung, K a n t s methodologischer Standpunkt, insbesondere seine Abneigung gegen eine psychologische Begründung der Ethik kritisch betrachtet werden. (Kap. I
und II). Hieran schliefst sich — unabhängig von Kant —
eine werttheoretische Untersuchung (Kap. III und IV), die
den Versuch enthält, die Grundfrage der Moral dadurch wissenschaftlich zu beantworten, dafs der Begriff des a b s o l u t W e r t -
v o l l e n zu Grunde gelegt und durch psychologische Analyse
inhaltlich bestimmt wird. Anhangsweise soll schliefslich das
gewonnene Resultat noch dadurch beleuchtet werden, dafs
eine neuere Theorie des absolut Wertvollen, nämlich diejenige
Schuppes, ihm gegenübergestellt wird.

Eine ausführliche Kritik der Kantischen Ethik bleibt
einer späteren Veröffentlichung vorbehalten.

Erstes Kapitel.

Kants Ablehnung einer psychologischen Begründung der Ethik.

Wer zur Lösung des Moralproblems einen Beitrag zu liefern unternimmt, mufs vor allem zu der prinzipiellen Frage Stellung nehmen: mit welchen Mitteln die Moral wissenschaftlich zu bearbeiten sei, welche Methode insbesondere die ethische Prinzipienlehre zu befolgen habe. Diese methodologische Vorfrage ist seit Kant ein Hauptstreitpunkt der wissenschaftlichen Ethik. Bis heute gehen die Ansichten darüber weit auseinander. Unter den philosophischen Moralisten unsres Jahrhunderts lassen sich in dieser Beziehung im Wesentlichen zwei entgegengesetzte Anschauungen unterscheiden, die man kurz als die Kantische und die psychologische bezeichnen kann.

Kant hat, wie man weifs, seine eigene Methode als eine ganz neue und eigenartige von allen vor ihm in der Moralphilosophie befolgten unterschieden; er hat namentlich die empirische Psychologie als unfähig zur Begründung der Ethik mit Entschiedenheit abgewiesen. Die Anhänger seiner Lehre pflegen gerade hierauf seit jeher viel Gewicht zu legen.[1]) Psychologie sei zwar für die angewandte Ethik nützlich, ja

---

1) Unter den Neueren z. B. Vorländer [34], S. 18 ff. — Vgl. Cohen [3], S. 135 ff. Dort sind auch die wichtigsten Belegstellen aus Kant angeführt. — Zahlreiche weitere Belege für Kants Stellung zur Psychologie, aus den verschiedensten seiner Schriften, finden sich in dem mit philologischer Genauigkeit geschriebenen Buche Heglers [8].

unentbehrlich; aber die reine Ethik, die prinzipielle Moraltheorie bedürfe einer anderen, als psychologischen Methode. Empirische Psychologie könne nicht das Geringste zur wissenschaftlichen Begründung der Moral beitragen, denn in der Moralphilosophie handle es sich um die Giltigkeit, und zwar um die absolute Giltigkeit gewisser Urteile, nicht um deren „psychologischen Mechanismus". Die Psychologie könne immer nur das Sein als ein gesetzmäfsiges begreifen; Moralphilosophie und Erkenntnistheorie (zuweilen wird hier ·auch noch die Ästhetik genannt) hätten die Aufgabe ein Sollen zu begründen.

Der Gegensatz kann in dieser Form nur dadurch aufrecht erhalten werden, dafs man den Begriff der Psychologie oder den des Empirismus künstlich verengert.[1]) Es wird an diesem Punkte viel um blofse Worte gestritten. Man kann ja nichts dagegen einwenden, wenn jemand den prinzipiellen und, wie mir scheint, wichtigsten Teil der Psychologie des Erkennens mit einem anderen Namen, etwa dem der Transzendentalphilosophie belegt.[2]) Aber das ändert nichts an der Thatsache, dafs die wissenschaftlichen Resultate dieser Transzendentalphilosophie lediglich durch psychologische Analyse von Bewufstseinsthatbeständen gewonnen werden können. Die synthetischen Funktionen des Geistes, auf denen alle Giltigkeit von Urteilen beruht, sind auf keinem anderen Wege aufzufinden, als die sog. psychischen Elemente und deren Relationen.

Kant hat ziemlich Verschiedenartiges unter dem Namen „Transzendentalphilosophie" zusammengefafst; nämlich eine Theorie der räumlichen Relationen, eine Analyse des Zeitbewufstseins und seine Lehre von den subjektiven Bedingungen der Giltigkeit von Erfahrungsurteilen im engeren Sinne. Die

---

1) Einige Bemerkungen hierzu enthält meine kleine methodologische Streitschrift: „Ist Philosophie ohne Psychologie möglich?" [21].

2) Kant hat hierfür auch den Namen „Metaphysik".

Methode seiner transzendentalen Analytik mufs geradezu als
ein Muster psychologischer Analyse angesehen werden. Aber
der einfache Satz, dafs rot von blau verschieden ist, oder der,
dafs die Tonqualitäten (im Sinne der Tonhöhe) eine ein-
dimensionale Mannigfaltigkeit bilden, dafs in dieser Reihe das
c dem e näher liegt als dem h, und viele ähnliche, die in
Kants Transzendentalphilosophie keine Stelle finden, sind
genau so gut „synthetische Urteile a priori“, wie die der
transzendentalen Analytik. Sie sind synthetisch, weil sie
nicht durch Definition von Begriffen gewonnen werden können
— es handelt sich darin um undefinierbare und nur unmittelbar zu erlebende Bewufstseinsthatsachen —; und sie gelten unbedingt für alle Erfahrung. Trotzdem wird niemand bestreiten,
dafs diese Urteile lediglich durch Erfahrung gewonnen werden
können.[1]   Alles Apriorische ist für Kant gleichbedeutend mit
einem nicht weiter Analysierbaren. Und mit Recht bemerkt
dazu ein Vertreter der modernen Psychologie: „Auch diese
Negation der Analysierbarkeit ist eine psychologische Behauptung; und sie ist so wenig selbstverständlich, dafs sie
von den meisten Vertretern der Psychologie und Physiologie
in Hinsicht des Raumes für irrig gehalten wird.“[2]
    Von den Positionen der Kantischen Ethik kann nicht in
dem gleichen Umfang, wie von denen der transzendentalen
Analytik behauptet werden, dafs Kant thatsächlich auf psychologischem Wege dazu gelangt sei. Aber es läfst sich der
Nachweis führen, dafs alle Mängel dieses Moralsystems auf
Unzulänglichkeiten der psychologischen Analyse beruhen,[3] und

---

1) Vgl. hierzu die Ausführungen von H. Cornelius [4], S. 342 und
440, Anm. 128.
2) Stumpf [33], S. 29.
3) Von Kants Ethik scheint mir die Bemerkung Stumpfs (ibid.
S. 29) ganz besonders zu gelten: „Die Vernachlässigung der Psychologie ist nicht, wie man sie vielfach hinstellt, eine nebenhergehende und
irrelevante Eigenheit, sondern sie ist ein Grundschaden des Kant'schen
Philosophierens.“

dafs sein wissenschaftlich wertvoller Kern in psychologischen Einsichten besteht.

Kants Abneigung gegen eine empirisch-psychologische Begründung der Moral erklärt sich vor allem aus seiner oft ausgesprochenen Ansicht, Erfahrung könne nicht zu notwendigen und allgemeingiltigen Urteilen führen.[1]) Diese Anschauung beruht nun lediglich auf einer zu engen Fassung des Begriffs Erfahrung. Unter Erfahrungsurteilen versteht Kant nämlich in solchem Zusammenhang lediglich die Urteile, die auf Grund einer bisher beobachteten Regelmäfsigkeit in dem Zusammen der Erscheinungen die gleiche Regelmäfsigkeit auch für die Zukunft behaupten, die Urteile also, die auf Grund eines begrifflich fixierten Zusammenhangs von unmittelbaren Wahrnehmungen die Erwartung aussagen, dafs unter bestimmten Bedingungen bestimmte Wahrnehmungen wieder werden gegeben sein. Da diese Erwartung enttäuscht werden kann, da diese „empirische" Begriffsbildung immer wieder durch neue (unerwartete) Erlebnisse möglicherweise korrigiert wird, so sind die in Frage stehenden Urteile (zu denen alle rein naturwissenschaftlichen Theoreme gehören)[2]) in der That von blofs relativer Giltigkeit.

Unbedingte Giltigkeit haben neben den analytischen Urteilen, die in der blofsen Zergliederung oder Definition eines Begriffs bestehen, nur die synthetischen Urteile a priori, d. h. diejenigen Urteile, die sich auf die subjektiven Bedingungen

---

1) In der Vorrede zur „Grundlegung" [17] wird es besonders klar, dafs Kant gerade aus diesem Grunde eine „reine Moralphilosophie" forderte, „die von allem, was nur empirisch sein mag, ... völlig gesäubert wäre."

2) Die naturwissenschaftliche Methode ist nur ein Spezialfall der empirischen Methode überhaupt. Die unberechtigte Gleichsetzung dieser beiden Begriffe, auf die ich schon in der S. 9 zitierten Schrift hinzuweisen Gelegenheit hatte, richtet viel Verwirrung an; auf diese Unklarheit geht z. B. auch die Polemik Woltmanns [36] gegen die „psychologisierenden Moralphilosophen" zurück.

aller Urteile überhaupt beziehen.[1]) Aber auch diese synthetischen Urteile von absoluter Giltigkeit entstammen lediglich
der Erfahrung. Sie gelten absolut, d. h. für alle Erfahrung,
weil durch die subjektive Gesetzmäfsigkeit, die sie aussagen,
Erfahrung (einer bestimmten Art) allein möglich ist. Aber
sie selbst sind erst möglich dadurch, dafs jene Erfahrungen
wirklich gegeben waren. Der Blinde kann niemals zu den
synthetischen Urteilen a priori, die dem Sehenden über Farben
möglich sind, gelangen. So haben die „reinen Verstandesbegriffe" der transzendentalen Analytik notwendige und allgemeine Giltigkeit für alle Erfahrung, weil ihre thatsächliche
Giltigkeit eine bestimmte Art von Erfahrung erst möglich
macht, Erfahrung nämlich im Sinne von objektiver Erkenntnis, „welche ein Ganzes verglichener und verknüpfter Vorstellungen ist".[2]) Aber wer das Denken nicht aus eigener
Erfahrung kennt, für den giebt es auch keine Denkgesetze
und Denkformen. Nur die psychologische Erfahrung kann uns
über psychische Gesetzmäfsigkeiten Aufschlufs geben. So
wenig eine leere Zeit gedacht werden kann, und so wenig es
räumliche Relationen giebt ohne „Fundamente" (Meinong),
d. h. ohne Empfindungsinhalte, die in räumlicher Beziehung stehen, so wenig giebt es Denkformen ohne ein Gedachtes. Die „Formen" der Anschauung und des Denkens
können nur an der geformten „Materie" abgelesen, nur von
empirisch gegebenen Fällen ihrer Anwendung abstrahiert
werden.

Kant ist sich hierüber keineswegs völlig klar gewesen.
Nachdem er einmal die „reinen Formen" aus dem psychologisch Gegebenen herausanalysiert hatte, dachte er sie zuweilen als selbständig und ohne allen Inhalt im Bewufstsein

---

1) Vgl. mit dem Gesagten das vierte Kapitel des oben citierten
Werkes von Cornelius [4], insbesondere S. 348—350 und die Anmerkung
Nr. 130 auf S. 440; ferner S. 87—99.
2) Kritik der reinen Vernunft [16], S. 114.

existierend. So z. B. gleich im Eingange der transzendentalen Ästhetik: „Wenn ich von der Vorstellung eines Körpers das, was der Verstand davon denkt, als Substanz, Kraft, Teilbarkeit u. s. w., imgleichen, was davon zur Empfindung gehört, als Undurchdringlichkeit, Härte, Farbe u. s. w., absondere, so bleibt mir aus dieser empirischen Anschauung noch etwas übrig, nämlich Ausdehnung und Gestalt. Diese gehören zur reinen Anschauung, die a priori, auch ohne einen wirklichen Gegenstand der Sinne oder Empfindung als eine bloſse Form der Sinnlichkeit im Gemüte stattfindet."[1])

Diese Ansicht entwickelt Kant gelegentlich auch inbezug auf die übrigen „reinen Formen", besonders häufig in der Ethik, wo es sich um die „Form des reinen Willens" handelt. Diese psychologisch unberechtigte Verselbständigung der bloſsen Formen, die doch niemals anders als an und mit den geformten Inhalten gegeben sind, macht z. B. in der transzendentalen Analytik allein das dunkle Kapitel vom „Schematismus der reinen Verstandesbegriffe" für Kant notwendig. Wäre er sich bewuſst geblieben, daſs er die Denkformen (in der transzendentalen Deduktion) lediglich von den gegebenen psychischen Thatbeständen psychologisch abstrahiert hatte, so hätte er gar nicht mehr zu fragen brauchen, ob und wie diese Formen auf Erfahrung anwendbar seien. Die analoge Frage, die in seiner Ethik immer wiederkehrt, wäre auch hier überflüssig gewesen, wenn er bei der Ableitung der moralischen Formgesetze den allein gangbaren Weg der psychologischen Analyse von vorn herein eingeschlagen und konsequent innegehalten hätte.

In der Ethik hatte Kants Ablehnung der empirisch-psychologischen Methode noch besondere Gründe. Der tiefe Ernst, mit dem er den ethischen Problemen gegenüberstand, legte es ihm von Anfang an nahe, das Sittliche aus aller empirischen

---

1) [16], S. 49.

Bedingtheit herauszuheben und jenseits derselben den realen Ursprung der Moralität zu suchen, wie auch die Sanktion des Sittengesetzes aus dem im transzendenten Sinne des Wortes „Unbedingten" herzuleiten. Hierfür war besonders eine Voraussetzung entscheidend: dafs nämlich die moralische Verantwortlichkeit nur unter der Annahme der transzendentalen Freiheit könne aufrecht erhalten werden; und diese Annahme bedeutete eine Uberschreitung aller Erfahrungsgrenzen. Es ist jedoch vor und nach Kant schon oft in überzeugender Weise dargethan worden, wie wenig durch die Berufung auf eine transempirische Kausalität der menschlichen Handlungen für die Frage der moralischen Zurechnung gewonnen wird, wie dadurch im Gegenteil diese Frage erst recht kompliziert, ja geradezu unlösbar wird.[1]) Das Problem der Verantwortlichkeit, das in Kants moraltheoretische Untersuchungen überall hineinspielt, gehört m. E. überhaupt nicht in die ethische Prinzipienlehre. Die Grundfrage der Moral kann unabhängig davon behandelt und beantwortet werden.[2])

Der Rekurs auf die intelligible Welt zur theoretischen Begründung der Moral, dieser Schritt ins Unerfahrbare erklärt sich aufserdem durch eine gewisse Unklarheit, die schon die Fragestellung der Kantischen Ethik beherrscht.

Kant unterscheidet nirgends scharf genug zwischen Moralität oder sittlichem Handeln auf der einen, und moralischer Beurteilung auf der anderen Seite; so schwankt bei ihm der Begriff des Sittengesetzes und der der Willensbestimmung durch das Sittengesetz zwischen zwei sehr

---

1) In neuerer Zeit z. B. von Herbart [10], S. 26 ff. — Besonders klar sind in dieser Beziehung die Ausführungen v. Giżyckis in seiner „Moralphilosophie" [7], S. 250—277. Man lese übrigens bei Kant selbst [16], S. 440. Anm.: „Unsre Zurechnungen können nur auf den empirischen Charakter bezogen werden."

2) Diese Anschauung haben schon die Stoiker, meines Wissens zum ersten Mal, vertreten und begründet. cf. die Belegstellen bei Windelband [35], S. 152.

verschiedenen Bedeutungen. Zuweilen ist ihm das Sittengesetz
ein Prinzip der moralischen Beurteilung, und „Bestimmung"
des Willens durch das Sittengesetz heißt dann nichts anderes
als: unbedingt giltige d. i. moralische Beurteilung.[1]) Sehr
häufig aber versteht Kant unter dem obersten Prinzip der
Sittlichkeit vielmehr ein Prinzip des Handelns, eine objektiv
giltige Maxime des Thuns, und daraus fließt die Forderung
einer Willensbestimmung durch das Sittengesetz in dem Sinne,
daß „reine Vernunft für sich allein praktisch werde"[2]), daß
die bloße vorgestellte Form der Gesetzmäßigkeit jede einzelne
Handlung aus sich erzeugen solle.[3])

Diese Verschiebung des Problems genügt bereits, um die
empirisch-psychologische Methode aus der reinen Ethik über-
zeugend auszuschließen. Denn thatsächlich ist ein Wollen,
das nicht aus irgend einer Lusterwartung oder Wertung entspränge, ein Wollen, dessen einziges Motiv die Vorstellung
eines Gesetzes wäre, in keiner Erfahrung gegeben; im Gegenteil — und dessen war Kant sich wohl bewußt —: alle psychologische Erfahrung widerstreitet der Möglichkeit eines in
diesem Sinne „reinen" Willens.

So wird es begreiflich, daß Kant in der „Grundlegung
zur Metaphysik der Sitten", nachdem er bereits seinen kategorischen Imperativ proklamiert hat, immer noch die zweifelnde
Frage erhebt, ob es überhaupt eigentliche Moral gebe, ob

---

1) Z. B. Grundlegung [17], S. 20: „zum Richtmaße ihrer Beurteilung."
2) Kritik der prakt. Vernunft [18], S. 37.
3) Grundlegung, S. 15: „Es kann also nichts anders als die Vorstellung des Gesetzes an sich selbst, ... sofern sie ... der Be-
stimmungsgrund des Willens ist, das so vorzügliche Gute, welches
wir sittlich nennen, ausmachen." — Oder Kr. d. pr. V., S. 36/7: „Der
Wille wird als unabhängig von empirischen Bedingungen, mithin als
reiner Wille, durch die bloße Form des Gesetzes als bestimmt
gedacht." — Ähnlich Grundlegung S. 50 Anm. und viele andere Stellen.
Die Anmerkung zu S. 38 der Grundlegung ist zweideutig.

Pflicht nicht ein völlig leerer Begriff sei, und ob sein Moralprinzip auf die Erfahrung Anwendung finde. Von allen
„subjektiven Ursachen", von allen empirischen Bestimmungs-
gründen des Willens, von jeder „psychologischen Natureinrich-
tung" glaubte er für die Begründung der Ethik absehen zu
müssen. Daher das ehrliche Bekenntnis[1]): „Hier sehen wir
nun die Philosophie in der That auf einen mifslichen Standpunkt gestellt, der fest sein soll, unerachtet er weder im
Himmel noch auf der Erde an etwas gehängt, oder woran ge-
stützt wird"; daher die geradezu skeptische Wendung am
Schlusse dieses tiefgründigen Werkes: „Und so begreifen wir
zwar nicht die praktisch unbedingte Notwendigkeit des moralischen Imperativs, wir begreifen aber doch seine Unbegreif-
lichkeit."

Bei der Berufung auf die intelligible Welt, die in seinem
System prinzipiell die psychologische Analyse ersetzen soll,
hat Kant eben selber sich nicht völlig beruhigen können. Er
fühlte zuweilen deutlich, dafs damit dem wissenschaftlichen
Erklärungsbedürfnis nicht gedient sei. Das ganze Kapitel
„Von den Triebfedern der reinen praktischen Vernunft" in
seinem ethischen Hauptwerk[2]) klingt wie ein unfreiwilliges
Zugeständnis an die empirische Psychologie. Er bekennt auch
hier: „Wie ein Gesetz für sich und unmittelbar Bestimmungs-
grund des Willens sein könne (welches doch das Wesent-
liche aller Moralität ist), das ist ein für die menschliche Vernunft unauflösliches Problem." Deshalb führt er, ziemlich
unvermittelt, den Begriff der „Achtung fürs moralische Gesetz"
ein.[3]) Dieses „moralische Gefühl" wird zwischen das moralische
Gesetz und die sittlichen Handlungen nachträglich einge-
schoben. Aber Kant will keineswegs zugeben, dafs er damit
thatsächlich eine psychologische Hilfshypothese macht.

1) Grundlegung, S. 60.
2) [18], S. 87ff.
3) Ähnlich schon in der Grundlegung, S. 14.

Das (nicht näher analysierte) Gefühl der Achtung vor dem
Sittengesetz, diese „einzige und zugleich unbezweifelte moralische Triebfeder", soll durch reine Vernunft „unmittelbar
praktisch gewirkt" und von allen empirischen Triebfedern
des Willens toto genere verschieden sein. Hier unterscheidet
sich die Kantische Ethik, trotzdem sie prinzipiell in Gegensatz
dazu tritt, sehr wenig von den alten moral-sense-Theorien, die
die Aufgabe der Moralphilosophie für gelöst hielten, wenn
sie einen isolierten Trieb in der menschlichen Seele ansetzten,
von dem sie nicht viel mehr zu sagen wußsten, als daſs er
von allen anderen („natürlichen") Triebfedern des Willens
durchaus verschieden sei, und eben den moralischen Sinn oder
das moralische Gefühl ausmache.

Diese Schwankungen und Unklarheiten beruhen zum
gröſsten Teil auf der angedeuteten Ungenauigkeit in der
Fragestellung. Die mangelhafte Unterscheidung zwischen
moralischer Theorie und Praxis tritt besonders deutlich hervor in der bei Kant öfter wiederkehrenden Bemerkung, empirische Zuthaten „zum Prinzip der Sittlichkeit" seien „nicht
allein dazu ganz untauglich, sondern der Lauterkeit der
Sitten selbst höchst nachteilig".[1]) Eine Ethik, die die
„reinen" Prinzipien nicht scharf von allen empirischen unter-
scheide, verdiene „den Namen einer Philosophie nicht", „viel
weniger einer Moralphilosophie, weil sie eben durch diese
Vermengung sogar der Reinigkeit der Sitten selbst Ab-
bruch thut und ihrem eigenen Zwecke zuwider verfährt".[2])

---

1) Grundlegung, S. 61; cf. auch die Vorrede.

2) Diese Unklarheit geht bei einigen von Kant stark beeinfluſsten
Ethikern so weit, daſs sie zuweilen zu dem schlechtesten aller Argumente greifen und (wie das in der Moralphilosophie leider vielfach vor-
kommt) dem Gegner seine abweichende Überzeugung ins Gewissen
schieben. So betont Woltmann [36], (S. 17) mit Berufung auf den
groſsen Moralprediger Fichte, das Sittengesetz sei „nicht so sehr ein
Wissen, als in erster Linie ein Gewissen". Wer das formale Prinzip
nicht anerkenne, dem müsse man eben „die subjective Befähigung zum

Oft scheint es geradezu, als ob Kant einen fundamentalen
Gegensatz zwischen Moraltheorie und jeder anderen Art wissenschaftlicher Theorienbildung statuieren wollte. Die „praktischen Begriffe a priori" sollen sich von allen anderen dadurch wesentlich unterscheiden, dafs sie „die Wirklichkeit
dessen, worauf sie sich beziehen (die Willensgesinnung),
selbst hervorbringen, welches gar nicht die Sache theoretischer Begriffe ist".[1]) Hier liegt eine offenbare Verwechslung
vor zwischen Moraltheorie und praktischer Sittlichkeit oder
Moralität. Dem entspricht der schwankende Sinn, den Kant
mit dem Ausdruck „praktischer Vernunftgebrauch" (im Gegensatz zum spekulativen) verbindet. Zuweilen bezeichnet er
damit die theoretische Bemühung um ein Prinzip der moralischen Beurteilung (im Gegensatz zu der Untersuchung anderer Urteile auf ihre Prinzipien hin), — manchmal auch die
moralische Beurteilung selbst. Häufig aber ist „praktischer
Vernunftgebrauch" für ihn vielmehr ein Ausdruck für das
mit dem Moralprinzip übereinstimmende oder durch die Vorstellung des Sittengesetzes verursachte Handeln.[2])

moralphilosophischen Verständnis absprechen". Ein theoretischer Moralskeptiker könne nicht überzeugt werden, sondern bedürfe vielmehr einer
„Kultur". — Ähnlich äufsert sich zuweilen Vorländer. Gelegentlich [34],
(S. 33 Anm.) macht er — und das ist höchst charakteristisch — dem
Aristoteles Vorwürfe, weil er der Urheber des häfslichen Gegensatzes von
„Theorie und Praxis" sei. — Mag man es noch so häfslich finden, wenn
jemand in seinem praktischen Verhalten sich hinter diesen Gegensatz
verstecken will. In der Moralwissenschaft mufs der Unterschied
zwischen Theorie und Praxis, zwischen wissenschaftlicher Erklärung und
dem zu Erklärenden aufs strengste festgehalten werden.
    1) Kr. d. pr. V. [18], S. 80.
    2) Eine Anmerkung in der Grundlegung (S. 80) unterscheidet zwi-
schen „Teleologie" (im Sinne einer teleologischen Naturbetrachtung)
und „Moral" (im Sinne von Moralphilosophie) folgendermafsen: „Dort
ist das Reich der Zwecke eine theoretische Idee zur Erklärung dessen,
was da ist. Hier ist es eine praktische Idee, um das, was nicht da
ist ... zu Stande zu bringen".
    Auch Cohen [3], S. 148 ff., statuiert einen prinzipiellen Gegensatz

Bestände in der That die Aufgabe der Moralphilosophie
darin, unbedingt giltige Prinzipien des Handelns ausfindig
zu machen, so wäre sicherlich die empirische Psychologie
unvermögend zur Lösung des Moralproblems. Aber dieses
Problem ist überhaupt unlösbar. Denn die Gesamtheit der
empirischen Bedingungen einer Handlung ist uns niemals gegeben; über sie läfst sich a priori nicht das Geringste ausmachen. Auf dieser richtigen Erkenntnis beruhen die meisten
Einwände, die der ethische Skeptizismus seit Jahrhunderten
gegen die Möglichkeit einer wissenschaftlichen Moralphilosophie erhoben hat. Was Kreibig, in seiner jüngst erschienenen Geschichte und Kritik dieser Geistesrichtung, Stich-
haltiges gegen die ethische Skepsis vorzubringen weifs, das
läuft alles auf eine Kritik dieser Verschiebung des Moralproblems hinaus.[1]

In Bezug auf einzelne Handlungen kann es synthetische
Urteile a priori (im Sinne Kants) nicht geben. Wird die
Frage der Moral dennoch so gestellt, so ist der Schritt ins
Metaphysische unvermeidlich, so mufs, in mehr oder weniger
bestimmter Weise, eine absolute Intelligenz, eine untrügliche
Instanz, wie Kant sie in der intelligiblen Welt vermutete,
irgendwo angenommen werden. Und damit sind natürlich die
Grenzen der Erfahrung überschritten. Ganz anders verhält

---

zwischen moralphilosophischer Einsicht und jeder anderen Art wissenschaftlicher Erkenntnis. Es wird freilich durch seine Ausführungen
nicht völlig klar, wie er diesen Gegensatz, wie er das Verhältnis zwischen moraltheoretischer und empirisch-wissenschaftlicher Einsicht sich
näher vorstellt; denn den obersten Sätzen der Moralphilosophie soll
doch ein höherer Grad von Giltigkeit zukommen, als den sog. Postu-
laten, die Kant selbst als „Glaubenssachen" bezeichnet.

1) [20] Leider tritt das bei Kreibig, infolge seiner eigenen unzu-
reichenden psychologischen Analyse des Thatbestandes, nicht deutlich
genug hervor. Wie denn überhaupt das historisch höchst interessante
Werk durch seine sachlichen philosophischen Ausführungen keinen konsequenten Moralskeptiker überzeugen dürfte. Das wird vom Standpunkt
des Sozialutilitarismus aus niemals gelingen.

es sich mit der Frage nach einem unbedingt giltigen Prinzip der moralischen Beurteilung von Persönlichkeiten (ihrer Gesinnung nach). Diese Frage ist das wirkliche Grundproblem der Moralphilosophie; und sie läfst sich m. E. durch empirisch-psychologische Analyse eindeutig beantworten, in ganz analoger Weise, wie das Problem der transzendentalen Analytik. Erst nachdem das oberste Prinzip der moralischen Beurteilung, d. h. das absolut giltige Werturteil wissenschaftlich festgestellt ist, können über den moralischen Wert einzelner Handlungen Urteile von bedingter Giltigkeit — durch Anwendung des Prinzips — gefüllt werden.

Durch die vorstehenden Ausführungen dürfte der Nachweis erbracht sein, dafs Kants Ablehnung der empirischen Psychologie zur wissenschaftlichen Begründung der Moral im Wesentlichen auf zwei Unklarheiten beruht, einmal in Bezug auf den erkenntnistheoretischen Begriff der Erfahrung, ferner hinsichtlich der moralphilosophischen Fragestellung. Dafs thatsächlich eine rein empirisch-psychologische Theorie der Moral möglich sei, dieser Nachweis wird nicht anders zu führen sein, als durch den Entwurf einer solchen psychologischen Moraltheorie, wie er im Folgenden versucht werden soll.[1]

Vorher jedoch mufs noch auf einen letzten Grund für Kants Mifstrauen gegen eine psychologische Behandlung der ethischen Prinzipienfragen hingewiesen werden: Kant verwarf prinzipiell und mit Entschiedenheit jeden Versuch einer eudämonistischen Begründung der Moral. Andrerseits aber identifizierte er eudämonistische und psychologische Ethik. Gerade deshalb meinte er, mit dem ethischen Eudämonismus auch die psychologische Methode abweisen zu müssen.

---

1) Kap. III und IV.

Zweites Kapitel.

Der Gegensatz der Kantischen Moralphilosophie gegen den ethischen Eudämonismus.

„Kant hat in der Ethik das grofse Verdienst, sie von allem Eudämonismus gereinigt zu haben." Mit diesen Worten beginnt Schopenhauer seine Kritik der Kantischen Moraltheorie,[1]) — eine Kritik, die zahlreiche feine Bemerkungen und auch eine Anzahl treffender Einwände gegen Kants Positionen enthält, trotzdem sie sicherlich den wahren Kern seines Moralsystems völlig verkennt.[2]) Jener einleitende Satz ist gewifs unanfechtbar. Das grofse negative Verdienst der Kantischen Philosophie, das er betont, ist auch von anderen Ethikern, die sonst in wichtigen Punkten von Kant abweichen, vielfach hervorgehoben worden.[3]) Aber es gewinnt mehr und mehr den Anschein, als ob Kants Polemik gegen den ethischen Eudämonismus in neuerer Zeit nicht mehr die ihr zukommende Beachtung fände.

Der im vorigen Jahrhundert vielfach vertretene egoistische Hedonismus ist freilich im Allgemeinen aufgegeben worden; aber er hat nur einer altruistischen oder universalistischen Glückseligkeitsethik Platz gemacht: die, vorzugsweise in England heimische, Theorie des Sozialutilitarismus beherrscht fast das gesamte moralphilosophische Denken unsrer Zeit.

---

1) Preisschrift über die Grundlage der Moral [30], S. 497.

2) Vgl. die Monographie von Otto Lehmann [23].

3) So namentlich von Herbart in der ersten und dritten seiner Reden zum Gedächtnis Kants und in seiner Schrift „Über die Ursachen, welche das Einverständnis über die ersten Gründe der praktischen Philosophie erschweren" [11], S. 151; 163. [10], S. 19. Neuerdings hat Simmel in einem populär gehaltenen Aufsatz diese Seite der Kantischen Moralphilosophie anschaulich gemacht [32].

Es kann an dieser Stelle nicht eine erschöpfende Kritik dieser Theorie geliefert werden.[1]) Wo das Prinzip der sozialen Glückssteigerung rein zum Ausdruck kommt, wie bei J. St. Mill und v. Giżycki, neuerdings besonders bei Kreibig,[2]) da unterliegt es denselben Einwänden, die gegen das individualistische Glückseligkeitsprinzip seit den Tagen Kants unzählige Male erhoben worden sind. Ja, der soziale Eudämonismus führt notwendig auf seine ungleich konsequentere Stammform, den egoistischen Hedonismus zurück. Die Vertreter des Sozialutilitarismus stellen fast sämtlich die Förderung fremden Glückes als ein notwendiges Mittel zur Erhaltung und Steigerung der eigenen Glückseligkeit dar. Diese dürftige Argumentation kann aber den Sozialutilitaristen selbst nicht genügen.

Sie gelangen von dem Prinzip des egoistischen zu der Forderung eines sozialen Eudämonismus vor allem dadurch, dafs sie, stillschweigend oder ausdrücklich, einen unbedingten moralischen Mehrwert des sog. altruistischen Verhaltens gegenüber dem „egoistischen" annehmen. Diese Voraussetzung, der kritiklose Glaube an den absoluten Wert der gemeinhin als „altruistisch" bezeichneten Gesinnung liegt fast allen sozialutilitarischen, ja der Mehrzahl der modernen wissenschaftlichen Moraltheorien überhaupt, zu Grunde.[3]) So allein kann man über die völlige Unfruchtbarkeit eudämonistischer Moral-

---

1) Einige Beiträge dazu finden sich in der Dissertation von Kaler, [15], der vielfach zur Unterstützung seiner Polemik auf Kant Bezug nimmt. — Vgl. besonders Simmel, Einleitung in die Moralwissenschaft [31], Bd. I, S. 293—467.

2) [20].

3) Das gilt z. B. von der Ethik Schopenhauers, soweit sie nicht mystisch-metaphysisch begründet ist [30]. — Auch Meinong, ein prinzipieller Gegner des ethischen Eudämonismus, geht in dem ethischen Teile seiner werttheoretischen Untersuchungen [27] überall von dem positiven moralischen Werte des Altruistischen gegenüber dem Egoistischen aus.

prinzipien sich hinwegtäuschen.¹) Das wird ferner durch verschiedene begriffliche Unklarheiten und Inkonsequenzen er-
möglicht, z. B. durch die Einführung des vieldeutigen und
nicht genau definierten Ausdrucks „Wohl" statt Glück oder
Lust; besonders aber durch die unvermittelte und mit dem
eudämonistischen Prinzip als solchem nicht verträgliche Unterscheidung von Qualitäten der Lust, die neben deren Dauer und
Intensität für die moralische Beurteilung entscheidend ins Gewicht fallen sollen. Zu dieser Inkonsequenz sieht sich schon Mill,
der Begründer des modernen Sozialutilitarismus, gezwungen.²)

Die meisten Vertreter des Utilitarismus verlieren im Verlauf ihrer Untersuchungen den einzelnen, empirisch gegebenen
Menschen und seine Gesinnung, um deren moralische Beurteilung es sich allein handelt, mehr und mehr aus den Augen
und reden schliefslich nur noch von dem äufseren Erfolg
menschlicher Handlungen und von den heilsamen oder unheil-
vollen Folgen gesellschaftlicher Institutionen. Die Höff-
dingsche Ethik³) zeigt besonders deutlich diese Konsequenz
eines im Grunde eudämonistischen Prinzips.

---

1) Ich habe daher in einer Vorstudie zu dieser Arbeit das Dogma-
tische der altruistischen Forderung und ihre Unbrauchbarkeit zum
Prinzip der moralischen Beurteilung darzuthun versucht [22].

2) In seiner Schrift: Utilitarianism [29]. Gewisse Lustarten seien
um ihrer selbst willen, wegen ihrer „intrinsic nature" begehrenswerter
als andere (S. 12), ohne Rücksicht auf die Dauer und Intensität der
Lust und die Sicherheit ihrer Erreichung und Erhaltung. Die Ent-
scheidung wird hier nicht mehr dem in seiner Unbestimmtheit theoretisch so gefügigen „Glückseligkeitstrieb", sondern einem ebenso un-
bestimmten „sense of dignity" zugemutet, den alle Menschen, der eine
mehr, der andere weniger, besäfsen. Das ist im Grunde der alte moral
sense der Engländer, auf dessen psychologische Analyse eben alles ankäme. Schliefslich giebt Mill sogar zu, es gebe noch andere „wünschens-
werte" Eigenschaften des Menschen neben der Tugend im Sinne des
Sozialutilitarismus. Und unter diesen, einer utilitaristischen Begründung
spottenden Qualitäten, führt er Tugenden an, die niemand geneigt sein
dürfte, aus dem Kreise der moralischen Wertungen auszuscheiden.

3) [13].

Hier gilt es nun, sich ganz energisch wieder auf Kant
zu besinnen. Als erster in der gesamten Geschichte der
Moralphilosophie — denn noch der indische lebenverneinende
Quietismus (wie später Schopenhauers Pessimismus), und selbst
die Stoa sind nicht frei von eudämonistischen Tendenzen —
scheidet er grundsätzlich und mit peinlicher Genauigkeit alle
Fragen der Glückseligkeit von dem Grundproblem der Moral.
„Es ist überall nichts in der Welt, ja überhaupt auch aufser
derselben zu denken möglich, was ohne Einschränkung für
gut könnte gehalten werden, als allein ein guter Wille," so
beginnt das erste seiner gröfseren ethischen Werke, die
„Grundlegung zur Metaphysik der Sitten".[1]) Das Sittliche ist
ihm das an und für sich selbst, d. h. unbedingt Gute; dasjenige, dessen Wert nicht von irgend einem darüber hinausliegenden Zwecke abhängig ist, als welcher dadurch bewirkt
würde; es ist das unbedingt Wertvolle. Das ist der Sinn
seiner theoretischen Forderung eines autonomen Moralprinzips, seiner imponierenden Proklamation einer selbstherr-
lichen Vernunftmoral, die auch die religiöse Sanktion als
Heteronomie abweist; das ist die empirische Bedeutung
seines vielfach[2]) mifsverstandenen Begriffs des absoluten Sollens oder der Pflicht um der Pflicht willen. Mag er in der
Begründung und weiteren Ausführung dieses Grundgedankens
noch so oft fehlgegriffen haben, den Gedanken selbst, den
Grundbegriff der Autonomie darf die Moralphilosophie nimmer-
mehr aufgeben. Aller ethische Eudämonismus aber — das
hat Kant zu wiederholten Malen nachgewiesen — ist Heteronomie; denn er macht den Wert des Sittlichen, direkt oder
indirekt, abhängig von etwas nicht Sittlichem, nämlich von
seiner durchschnittlichen Wirkung, näher: von seinem Glückserfolg (für den Handelnden selbst, für andere, oder für alle);

---

1) [17], S. 1.
2) z. B. von Schopenhauer; vgl. im Folgenden S. 56

er verschliefst sich von vornherein gegen den Gedanken des
unbedingten Wertes.

Wie weit die eudämonistische Ethik von diesem Gedanken der Autonomie und damit von dem Kern des Moralproblems sich entfernt, das beweist die jüngste Phase in der
Entwickelung des Sozialutilitarismus, die Theorie des Frhrn.
v. Ehrenfels.[1])
Er erkennt deutlich einen grofsen Fehler der landläufigen
Utilitätsmoral darin, dafs sie die moralische Beurteilung auf
einzelne äufsere Handlungen zu beziehen pflegt, statt auf die
zu Grunde liegende Gesinnung, die „Gefühlsdispositionen
(Charaktereigenschaften), auf deren Vorhandensein oder Fehlen
die äufsere Handlung schliefsen läfst". Er betont ferner, dafs
es „eine grofse Fülle von Gefühlsdispositionen" giebt, die „für
die Allgemeinheit von höchstem Nutzen sind, und darum doch
nicht hochgeschätzt werden, so z. B. die Gefühlsdispositionen,
welche uns zum Hunger, zum Durst, zur geschlechtlichen Be-
gehrlichkeit befähigen u. dergl. mehr". Daraus zieht er nun
die Konsequenz, dafs man die nationalökonomische Theorie
des „Grenznutzens" in gewisser Weise auf das ethische Gebiet übertragen müsse. Nur diejenigen Charaktereigenschaften
seien ethisch wertvoll, von denen man überzeugt sei, dafs sie
„in dem vom Standpunkte der Gesamtheit aus zu erwünschen-
den Mafse unter den Menschen sich durchschnittlich nicht
vorfinden".
Durch diese Modifikation wird zunächst der sozialutili-
tarische Gedanke reiner als in allen verwandten Theorien
herausgestellt: der faktische soziale Nutzen einer jeden
Charaktereigenschaft wird zum Mafsstab ihres moralischen
Wertes gemacht. Aber die neue Theorie läfst eben deshalb

---

1) Niedergelegt in der „Vierteljahrsschrift für wissenschaftl. Philo-
sophie" [5]; cf. dazu den Vortrag, den v. Ehrenfels auf dem letzten
Psychologenkongrefs gehalten hat, und die darauf gefolgte Diskussion.
Kongrefsbericht [1], S. 231—234.

auch das völlig Heteronomische und damit die Unhaltbarkeit des Nützlichkeitsprinzips deutlicher als irgend eine andere erkennen.[1]) Gesetzt, der Charakter eines Menschen, seine dispositionelle Persönlichkeit, bliebe sich eine Zeit lang völlig gleich, so könnte nach dieser Anschauung sein moralischer Wert in derselben Zeit innerhalb der weitesten Grenzen schwanken, ev. auch auf Null herabsinken, je nachdem die Eigenschaften, die bis dahin noch den geforderten Seltenheitswert hatten, inzwischen in anderen entstehen oder sich steigern, denn in demselben Mafse verlören sie an thatsächlicher sozialer Nützlichkeit und könnten unter Umständen auch jeden sozialen Grenznutzen einbüfsen. Was hier zum Mafsstab der moralischen Beurteilung gemacht wird, ist notwendigerweise gänzlich unabhängig von der zu beurteilenden Persönlichkeit. Auch Ehrenfels setzt, Kantisch zu sprechen, den Wert eines „Zustandes" an Stelle des Wertes der „Person". Das durchschnittliche Vorhandensein oder die relative Seltenheit einer Charaktereigenschaft kann der einzelne in keiner Weise mit Sicherheit beurteilen oder beeinflussen. Die durchgängige Bedingtheit der ökonomischen Werte (in ihrer Wertqualität) wird hier auf das sittlich Wertvolle übertragen.[2]) Es ist nur konsequent, wenn v. Ehrenfels, wie die grofse Mehrzahl der modernen Ethiker, jeden Begriff eines absolut Wertvollen aus der Ethik ausgeschlossen wissen will.[3])

---

1) cf. die von Dr. Riefs und von mir auf dem Kongrefs erhobenen Einwände [1], S. 233.

2) Nur dafs man die Bedingungen des wirtschaftlichen Wertes durch die Vergleichung bestimmter Güterquantitäten mit einzelnen konkreten Bedürfnissen ziemlich genau bestimmen kann, während die Erwünschtheit einer Charaktereigenschaft vom Standpunkte der Allgemeinheit und ihr durchschnittliches Vorhandensein etwas völlig Unbestimmtes und Unbestimmbares sind.

3) Vgl. hierzu und zu dem Folgenden: Kap. IV dieser Abhandlung, namentlich S. 51—55.

Übrigens genügt ihm das utilitarische Prinzip, auch in dieser veränderten Form, nicht zur Erklärung aller ethischen Erscheinungen. Er unterscheidet scharf zwischen sozial-ethischen und individual-ethischen Phänomenen und stellt für die Beurteilung der letzteren ein anderes Prinzip auf, das leider nicht sehr genau empirisch bestimmt und mit dem sozialethischen Prinzip in keine feste Beziehung gebracht wird.[1]) Die ganze Unterscheidung zwischen Individual- und Sozial-Ethik gehört aber nicht in die ethische Prinzipienlehre. Wo sie von vorn herein eingeführt wird, beruht das auf jenem Grundfehler der Nützlichkeitsmoral, den v. Ehrenfels selbst rügt, ohne doch die Konsequenz dieser Einsicht zu ziehen (die in der Preisgabe des heteronomen zu gunsten eines tiefer begründeten, autonomen Prinzips bestände), — ich meine den Fehler, dafs von den einzelnen äufseren Handlungen und ihrem Erfolg, statt von der Gesinnung, d. h. von den dispositionellen Charaktereigenschaften und ihrem Verhältnis zu einander, ausgegangen wird.

Hält man streng den Gedanken fest, dafs die Gesinnung den Gegenstand der moralischen Beurteilung bildet, und dafs die einzelnen äufseren Handlungen dafür nur in Betracht kommen, weil und insoweit sie den Charakter des Handelnden offenbaren, so kann man konsequenterweise nicht etwas vom Charakter des Handelnden so Unabhängiges, wie den faktischen sozialen Glückserfolg seines Thuns oder die Seltenheit seiner sozialnützlichen Charaktereigenschaften zur entscheidenden Bedingung seines moralischen Wertes machen. Das sittlich Gute ist dadurch und nur dadurch von allen anderen Werten eindeutig zu unterscheiden, dafs es „ohne Einschränkung", d. h. unbedingt für gut gehalten werden mufs, dafs es seinen Wert in aller möglichen Erfahrung behält. Sittlichkeit, moralischer Wert, ist entweder ein Vorurteil, ein Wort

---

1) [1], S. 232; besonders [5].

ohne sinnvollen Inhalt, — oder es giebt etwas von unbedingtem Werte.

Und dieses unbedingt Wertvolle kann nicht irgendwo aufserhalb der menschlichen Persönlichkeit angenommen werden, derart, dafs der Mensch nur als Mittel dazu sittlichen Wert hätte; denn dann wäre das sittlich Gute ein blofs bedingt Wertvolles. Das Kriterium des sittlichen Wertes kann nur in der Persönlichkeit selbst gefunden werden; das sittlich oder unbedingt Wertvolle, wenn es überhaupt ein solches giebt, kann nur etwas an der wollenden Persönlichkeit selbst sein, eine spezifische Eigenschaft oder Gesetzmäfsigkeit des menschlichen Willens.

Das alles hat Kant, deutlicher als irgend ein früherer Philosoph, gesehen und gesagt. Und darin besteht, wie mir scheint, sein gröfstes Verdienst um die Ethik. Wenn er das so gestellte Problem mit den Mitteln der empirischen Psychologie nicht für lösbar hielt, so ist das gar nicht sehr zu verwundern in anbetracht des unentwickelten Zustandes der damaligen psychologischen Wissenschaft, in anbetracht ferner der Thatsache, dafs noch heute die grofse Mehrzahl der Psychologen es für völlig aussichtslos hält, die Frage des absolut Wertvollen empirisch-psychologisch in Angriff zu nehmen.

Noch sind gerade diejenigen, die selbst eine psychologische Begründung der Moral fordern, fast sämtlich überzeugt, jede psychologische Ethik müsse notwendig eine eudämonistische sein. Eben das war auch Kants Meinung. Und da er jede eudämonistische Moralanschauung innerlich überwunden hatte und grundsätzlich verwarf, so verwarf er folgerichtig auch die empirisch-psychologische Methode, als welche in der Ethik notwendig zum Eudämonismus führe.[1]) Hier liegt sicherlich der tiefste Grund für Kants Ablehnung der

---

1) cf. z. B. die ersten drei Paragraphen der Kr. d. pr. V. [18], S. 22—31.

Psychologie zur wissenschaftlichen Begründung der Moral. Hätte Kant und hätten die Vertreter des modernen Sozialutilitarismus darin recht, dafs die psychologische Methode ein autonomes Moralprinzip nicht ergeben könne, so wäre auch Kants prinzipieller Verzicht auf eine psychologische Grundlegung der Ethik voll berechtigt; denn ein heteronomes Prinzip kann das Bedürfnis nach Gewifsheit sittlicher Erkenntnis nicht befriedigen. Freilich, auch die Überschreitung der Erfahrungsgrenzen, wie sie Kant thatsächlich vollzieht, kann diesem Bedürfnis in wissenschaftlichem Sinne nicht genügen: hat doch niemand besser als er bewiesen, dafs jenseits der Grenzen möglicher Erfahrung jede wissenschaftliche Beweisbarkeit und Sicherheit unsres Denkens aufhört, und das Gebiet des Glaubens und der unkontrolierbaren Vermutungen beginnt.

Soll die prinzipielle Ethik nicht in metaphysischem Spekulieren stecken bleiben, soll sie, wie jede andere Wissenschaft, schliefslich zu beweisbaren Sätzen und objektiv giltigen Erkenntnissen gelangen, so darf sie lediglich darauf ausgehen: von Thatsachen der Erfahrung eine (möglichst einfache und möglichst umfassende) empirische Theorie zu liefern. Andere als psychologische Thatsachen stehen dem Ethiker nicht zur Verfügung. Wer also die Anwendbarkeit der psychologischen Methode auf das Moralproblem a priori bestreitet, der bestreitet damit von vornherein die Möglichkeit einer wissenschaftlichen Ethik.

Ehe jedoch dem ethischen Skeptizismus Raum zu geben ist, mufs in der psychologischen Analyse des empirisch Gegebenen soweit als möglich vorgedrungen werden; es mufs versucht werden, auf diesem allein gangbaren Wege ein brauchbares, d. h. ein autonomes (also nicht eudämonistisches) Moralprinzip zu gewinnen.

Drittes Kapitel.

Zur Psychologie des Wertes.

Die Ethik sucht ein Prinzip für die moralische Beurteilung. Moralische Urteile, wie sie sich auch sonst näher bestimmen mögen, sind in jedem Falle Werturteile. Werturteile, die nicht eine blofse Zusammensetzung sinnloser Wörter, sondern wirkliche, inhaltlich bestimmte Urteile sind, setzen einen bestimmten psychischen Thatbestand bei dem Urteilenden voraus, — eine gewisse Beziehung seines Wollens und Fühlens zu dem Wertobjekt, die man als Wertung oder Werthaltung bezeichnen kann. Die Grundfrage der Moraltheorie führt daher unmittelbar zu einer psychologischen Analyse der Wertthatsache.

1. Die Wertungen in ihrem Verhältnis zu den Gefühlen und Strebungen.

Das Wertproblem ist eine der am meisten vernachlässigten Aufgaben der Psychologie. Die ältere, rationalistische Psychologie, soweit der Begriff des Wertes für sie überhaupt existierte, suchte die damit bezeichneten Thatsachen fast ausschliefslich im Gebiete des Denkens und Erkennens. Das durch Wertungen bestimmte, auf Wertvolles gerichtete Wollen war für sie einfach ein „vernünftiges“, durch vernünftige Überlegung geleitetes Wollen. Die Gefühle selbst wurden ja früher in der Regel als eine niedere oder „verworrene“ Art des Erkennens aufgefasst.

Neuerdings wird ziemlich allgemein das Eigenartige, nicht weiter Zurückführbare der aktuellen Gefühls- und Willensphänomene anerkannt. Mag man noch so stark den komplexen Charakter dieser psychischen Erlebnisse betonen; mag man versuchen, Empfindungen und Phantasievorstellungen als ihre Elemente herauszuanalysieren: das, was diese Komplexe von

anderen unterscheidet, was ihnen erst den Gefühls- oder
Strebungscharakter giebt, ist etwas Letztes, nur unmittelbar
zu Erlebendes.[1])

Den Begriff des Wertvollen faſst man nun heutzutage
ziemlich allgemein als gleichbedeutend bald mit dem des Angenehmen oder Lustvollen, bald mit dem des Begehrten oder
Erstrebten.

Meinong, dem das Verdienst zukommt, die psychologische
Wertfrage wieder in Fluſs gebracht und auch ihre fundamentale Bedeutung für die Ethik betont zu haben, führt gleich
im Anfang seiner Werttheorie[2]) den Begriff von „Wert-
gefühlen" ein, die sich näher als eine besondere Art von Lustgefühlen charakterisieren, nämlich als Lustgefühle, die zugleich
„Urteilsgefühle" sind, speziell: Lustgefühle, die durch das
Wissen um die Existenz dessen, worauf sie sich beziehen
(des Wertgehaltenen), vermittelt werden.

Durch naheliegende Einwände sieht er sich veranlaſst,
(in einer zweiten Veröffentlichung)[3]) diese Position dahin zu
korrigieren, daſs auch die Intensität des an die Nichtexistenz
eines Objekts geknüpften Unlustgefühls dessen (des Objekts)
Wert bestimme. Schliesslich aber[4]) weist er selbst auf die
„häufig zu machende Erfahrung" hin, „daſs man ein Objekt
zu einer Zeit bewertet" (im Sinne der Wertbeurteilung),
„in der zu einer Werthaltung" (im Sinne jenes Existenz- oder
Nichtexistenzgefühls) „alle Gelegenheit fehlt, weil es überhaupt noch nicht ausgemacht ist, ob das als künftig gedachte
Objekt existieren wird oder nicht." „Ebenso ist es möglich

---

1) Es kann an dieser Stelle auf die Psychologie der unmittelbaren
Lust-, Unlust- und Strebungserlebnisse nicht näher eingegangen werden.
Ich verweise hierfür besonders auf die einschlägigen Kapitel bei Lipps,
„Grundthatsachen des Seelenlebens" [24], sowie auf dessen „Bemerkungen
zur Theorie der Gefühle" [26]. — Vgl. auſserdem Cornelius [4], S. 74
—80 und S. 362 ff.

2) [27], Kap. I.   3) [28], S. 327—346.   4) ibid., S. 343.

und nichts weniger als selten, ein abstrakt Vorgestelltes zu bewerten, ohne seiner Existenz irgend nachzufragen." — Das sind gewiß Thatsachen; aber sie fordern eine umfassendere Modifikation der Meinongschen Theorie, als er selbst glaubt. Denn sie beweisen, daß es psychologische Wertthatbestände giebt, die von dem Dasein der Wertgefühle im Sinne Meinongs unabhängig sind. Folglich läßt sich das Phänomen des Wertes auf diese aktuellen Lustgefühle nicht zurückführen. Wenn man selbst zugiebt, daß jedem Werturteil eine bewußte Lusterwartung (für den Fall der Realisierung des Gewerteten) zu Grunde liege, so kann doch diese Erwartung enttäuscht werden: die erwartete Lust tritt unzählige Male nicht ein. Das Werturteil war deshalb nicht weniger thatsächlich; ja es kann trotzdem unverändert bestehen bleiben.

Meinong erkennt diese Schwierigkeit sehr wohl; aber er kann sie nicht völlig beseitigen, weil er vorzeitig einen Begriff des objektiven Wertes einführt,[1]) der mit dem subjektiven Wertthatbestande zunächst gar nichts zu thun hat, und erst nach dessen ausreichender Erklärung verständlich wäre. Er weist darauf hin, daß vieles wertgehalten werde, was „gleichwohl keinen Wert hat" (z. B. von Abergläubischen), und daß, umgekehrt, vieles wirklich Wertvolle nicht wertgehalten werde (z. B. von Unmündigen). Wertvoll sei daher nicht, was wertgehalten wird; sondern: „ein Gegenstand hat Wert, sofern er die Fähigkeit hat, für den ausreichend Orientierten, falls dieser normal veranlagt ist, die thatsächliche Grundlage für ein Wertgefühl abzugeben." — Damit ist die Frage nur zurückgeschoben. Es handelt sich zunächst um den subjektiven Thatbestand, der auch bei dem nicht ausreichend Orientierten vorliegt, wenn er thatsächlich etwas wertet, und der (unter Umständen) in dem Werturteil zum Ausdruck kommt: dieses Objekt ist für mich wertvoll;

---

1) [27], S. 24 ff.

oder: ich lege hierauf Wert. Schon ein solches, rein sub-
jektives Urteil besagt mehr, als dafs etwas gegenwärtig lustvoll oder angenehm sei.

Nach Ehrenfels[1]) besagt das Werturteil: ein Gegenstand
wird von mir begehrt; etwas ist Gegenstand meines Begehrens. Wertvoll — so kann man seine Theorie kurz zusammenfassen — ist, was begehrt wird. Das kommt dem
wirklichen Thatbestand sehr nahe; ja, innerhalb gewisser
Grenzen ist es zweifellos richtig. Aber diese Grenzen hat,
soviel ich sehe, v. Ehrenfels noch nicht hinreichend deutlich
bestimmt.

Um es gleich positiv zu sagen: Wertvoll ist für mich
nur, was ich relativ konstant begehre, worauf sich unter
gewissen psychischen Bedingungen, d. h. beim Gegebensein
bestimmter Teilinhalte, regelmässig mein Streben richtet.

Schon die Sprache des gewöhnlichen Lebens unterscheidet
in diesem Sinne ziemlich scharf zwischen dem Wertvollen auf
der einen, und dem blofs Angenehmen oder dem momentan
Begehrten auf der anderen Seite. Wenn ich unerwartet einen
Wohlgeruch empfinde oder etwa einen vollen und reinen
musikalischen Ton höre, sage ich wohl, diese Empfindungen
seien angenehm, lustvoll oder dergl., aber nicht: sie seien
wertvoll. (Es sei denn, dafs ich etwas thatsächlich Ge-
wertetes davon abhängig weifs). Die gegenwärtige Lust-
betonung eines Inhaltes genügt nicht, damit wir ihm das
Prädikat des Wertes zusprechen.[2]) Ebensowenig bezeichnet
man das Objekt einer momentanen Laune oder eines plötzlich
auftretenden leidenschaftlichen Begehrens schon deshalb als
ein wertvolles.

1) [5] und [6].
2) Lusterlebnisse können sogar regelmäfsig wiederkehren,
ohne dafs man ihr Objekt wertet, — wenn z. B. das Gefühl selbst
(etwa aus moralischen Gründen), oder wenn die erfahrungsmäfsig bekannten Folgen des betr. Erlebnisses negativ gewertet werden. Sein
Lustcharakter wird dadurch nicht notwendig aufgehoben.

Dagegen spricht man seiner Gesundheit Wert zu, auch
dann, wenn man augenblicklich kein darauf gerichtetes
Strebungs- oder Lustgefühl erlebt, (weil man etwa seit längerer
Zeit von Krankheit verschont geblieben ist). Wertvoll sind
für mich meine Bücher, mein Musikinstrument, mein Wissen,
mein Verhältnis zu einem Freunde, und unzähliges Andere,
was gegenwärtig weder für mich lustvoll ist, noch von mir
erstrebt wird, sofern es nur einem Vorstellungszusammenhang
angehört, der mit meinem Streben in einer konstanten Beziehung steht.

Der Besitz eines Gegenstandes, der Erwerb oder die Erhaltung einer Charaktereigenschaft, die giltige Überzeugung
von irgend etwas objektiv Wirklichem, überhaupt: jeder denkbare psychische Thatbestand kann unter Umständen für ein
Individuum Wert haben oder gewinnen.[1]) Natürlich kann
man auch auf etwas Wert legen, das zur Zeit noch gar nicht
existiert und thatsächlich vielleicht niemals existieren wird;
die Wertung tritt dann eben durch die (systematisch zu-
sammenhängende) Reihe aktueller Begehrungen, die auf die
Realisierung ihres Objektes abzielen, in die Erscheinung.
Und wenn das so Gewertete realisiert ist, kann es entweder seinen Wert behalten -- die zugehörigen Begehrungen
richten sich dann auf seine Erhaltung und, als Widerstreben,
eventuell gegen seinen Verlust oder seine Minderung —, oder
es kann auch seinen Wert teilweise oder ganz einbüfsen; die
Lust, die mit jedem Erfolge eines Strebens normalerweise
verbunden ist, kann sich sehr rasch vermindern, ja zur In-
differenz herabsinken oder sich in Unlust verkehren; das Objekt kann natürlich auch aufhören, Strebungsobjekt zu sein.
Ein naiver Mensch hat z. B. viele Mühe auf den Erwerb einer
Wünschelrute verwendet und nun, da er sie besitzt, überzeugt

---

1) Als „Wirkungs"- oder „Eigenwert" oder als beides zugleich —
nach der von Ehrenfels eingeführten Terminologie. — cf. besonders
dessen „System der Werttheorie" [6], S. 75 ff.

er sich davon, dafs die erwartete Wirkungskraft ihr nicht zukomme. Deshalb hat doch die betreffende Wertung nicht weniger bestanden. (Ob und inwieweit sie sich auf Grund solcher Enttäuschungen nachträglich modifiziert, ist eine andere Frage). Die von einer Wertung unter gewissen Bedingungen geforderten aktuellen Strebungen können lange Zeit hindurch gänzlich unterbleiben, ohne dafs die Wertung selbst sich irgendwie verändert: wenn nämlich jene Bedingungen selbst aus irgend welchen, psychologisch vielleicht rein zufälligen Gründen nicht eintreten.

Jemand besitzt z. B. ein Andenken an eine abwesende teure Person und legt Wert auf diesen Besitz; d. h. unter gewissen Bedingungen — wenn etwa ein anderer ihm den Gegenstand streitig machte, oder wenn er ihn verlöre — würde er lebhaft danach streben, ihn zu behalten oder wiederzuerlangen; er würde dafür grofse Opfer bringen u. s. w. Nun ereignet sich ein solcher Fall thatsächlich vielleicht niemals. Dann kommt es auch nicht zu den entsprechenden aktuellen Strebungen. Aber die Wertung kann deshalb unverändert fortbestehen.

In jedem Falle unterscheidet sich eine Wertung von einer einzelnen aktuellen Begehrung durch das angedeutete Moment der (relativen) Konstanz. Man kann die Wertungen kurz als konstante Begehrungen bezeichnen, im Gegensatz zu den einzelnen Begehrungsakten. Dabei ist unter Konstanz nicht etwa die blofse zeitliche Dauer eines Begehrens zu verstehen (derart, dafs ein einzelner Willensakt, dessen Ablauf längere Zeit in Anspruch nimmt, als Wertung bezeichnet würde, im Gegensatz zu einem kürzere Zeit dauernden); sondern das Charakteristische des „konstanten" Begehrens, das ich als Wertung bezeichne, besteht, wie schon gesagt, in dem konstanten Zusammenhang zwischen meinem Begehren und einem bestimmten psychischen Thatbestand, also, allgemein

3*

ausgedrückt: in einer konstanten Beziehung zwischen psychischen Inhalten.[1])

Wertungen sind konstante Willensthatbestände im Sinne eines regelmäfsigen Auftretens der entsprechenden Begehrungen. Man kann daher das aus Wertungen entspringende, durch Wertvolles begründete Wollen auch als ein gesetzmäfsiges im Gegensatz zu jedem anderen Streben bezeichnen. Aber das Wort „Gesetzmäfsigkeit" hat dann einen besonderen prägnanten Sinn. Es bezeichnet eine spezifische Eigentümlichkeit oder Form des Willens und nicht blofs die allgemeine Naturgesetzlichkeit, die wir jedem Geschehen, also auch dem psychischen Leben überhaupt und insbesondere auch allen Willensvorgängen, denkend zu Grunde legen, und die man in den Satz zusammenfassen kann: Unter gleichen Bedingungen tritt stets gleiches ein. Die speziellere Gesetzmäfsigkeit des Wertens besteht vielmehr darin, dafs das gewertete Objekt unter gewissen psychischen Bedingungen regelmäfsig begehrt wird, wie auch die anderen Bedingungen des psychischen Geschehens in dem Wertsubject jeweils beschaffen sein mögen.

Wir müssen annehmen, oder vielmehr: wir erleben es unmittelbar, dafs unser psychischer Gesamtzustand fortwährenden Veränderungen unterliegt. Aber nicht alle diese Veränderungen beeinflussen in gleichem Mafse —, nicht alle beeinflussen überhaupt unsere Willensentscheidungen. Der Wille abstrahiert sozusagen von gewissen Modifikationen des psychischen Gesamtinhalts. So selbstverständlich das klingen mag, weil jeder es jeden Augenblick in sich erfährt; es ist

---

1) Es handelt sich in diesem Zusammenhang immer um Begehrungen oder Strebungen im eigentlichen, d. h. psychologischen Sinne des Wortes. Auf Grund rein physiologischer Übung und Anpassung können bei allen Lebewesen körperliche Bewegungen und Instinkthandlungen regelmäfsig auftreten, die in hohem Grade konstant sind. Diese Thatsachen kommen für die prinzipielle Ethik nicht in Betracht; sie sollen, wie das auch dem Sprachgebrauch entspricht, aus dem Begriff der Wertung ausdrücklich ausgeschlossen werden.

doch von grofser psychologischer Bedeutsamkeit, weil dadurch
(ähnlich wie durch die Begriffsbildung) unser psychisches
Leben eine bewundernswerte Vertiefung und Potenzierung gewinnt. Wie es für uns kein Denken und keine Begriffe gäbe,
wenn jede neue Phase unseres Bewufstseinsverlaufes alle uusere
Erwartungen inbezug auf zukünftige Empfindungserlebnisse
über den Haufen würfe, so beruht die Möglichkeit und die
Thatsache, dafs es Werte für uns giebt, darauf, dafs nicht
jede Verschiebung des psychischen Gesamtthatbestandes zugleich eine Modifikation der Bedingungen für alle unsere
Begehrungen bedeutet. Wir haben im Gegenteil (positiv ausgedrückt) ganz allgemein die Tendenz, trotz dem ununter-
brochenen Wechsel unsrer Erlebnisse, die Ziele unsrs Strebens
so lange wie möglich als solche festzuhalten.

Ich versuche, das, worum es sich hier handelt, nämlich
die Thatsache des Wertens, in schematischer Weise zu ver-
deutlichen.

Ist unter bestimmten Bedingungen, etwa beim Dasein des
Komplexes $a\ b\ c$, einmal z erstrebt und mit Befriedigung erreicht worden, so tritt dieses inhaltlich bestimmte Streben
von Neuem auf, sobald jener Komplex von Teilinhalten $(a\ b\ c)$
wieder gegeben ist. Solange nicht widerstreitende Erfahrungen
gemacht werden — (ein Fall, der später wird ins Auge zu
fassen sein) —, solange besteht nunmehr eine konstante Beziehung zwischen dem Thatbestand $a\ b\ c$ auf der einen und
dem Begehren von z auf der anderen Seite.

Dabei ist es keineswegs erforderlich, dafs der Komplex
der Bedingungen $(a\ b\ c)$ jemals analysiert werde, d. h., dafs
seine Teile: a, b, c, und deren Beziehungen zu einander ge-
sondert zum Bewufstsein kämen. Es können daher an Stelle
von $a\ b\ c$ andere Komplexe: $a_1\ b_1\ c_1$; $a_2\ b_2\ c_2$; $a_2\ b_1\ c_2$ u. s. f.
treten, die unter einander und von $a\ b\ c$ insofern verschieden
sind, als die Analyse ihrer Teile, würde sie ausgeführt, verschiedene Resultate ergäbe. Solange die komplexen That-

bestände $a\,b\,c$; $a_1\,b_1\,c_1$ u. s. w. als Komplexe von einander
nicht unterschieden werden, solange haben sie die gleiche
Wirkung auf das Begehren. Wir werden daher die behauptete
konstante Beziehung am besten so ausdrücken

$$(\alpha\,\beta\,\gamma) \to z,$$

wo $(\alpha\,\beta\,\gamma)$ alle von $a\,b\,c$ nicht unterschiedenen konkreten
Komplexe, $\to z$ das Streben nach z bezeichnet. Natürlich kann
nun z gelegentlich auch auf Grund solcher Thatbestände begehrt werden, die von $(\alpha\,\beta\,\gamma)$ für das Bewufstsein mehr
oder weniger verschieden sind. In dem Mafse, als solche
neuen primären Begehrungen auftreten und einen befriedigen-
den Verlauf nehmen, bilden sich neue konstante Zusammenhänge:

$$(\alpha\,\gamma) \to z;\ (\alpha\,\beta\,\delta) \to z;\ (\gamma\,\delta\,\varepsilon) \to z, \text{ und dergl.},$$

neben der, wie ich voraussetze, intakt gebliebenen, alten Beziehung $(\alpha\,\beta\,\gamma) \to z$. Es ist klar, wie auf diese Weise der
Wert von z zu einem immer weniger bedingten wird.

Aber andrerseits kann durch neue Erfahrungen z auch
in seinem Werte beschränkt werden oder seine Wertqualität
gänzlich verlieren. Ist einmal oder zu wiederholten Malen auf
Grund eines Thatbestandes, der dem Symbol $(\alpha\,\beta\,\gamma)$ entspricht,
z begehrt worden, ohne dafs die Realisierung dieses Strebens
Befriedigung gewährte, so mufs die zu Grunde liegende kon-
stante Beziehung: $(\alpha\,\beta\,\gamma) \to z$ sich lockern und schliefslich
sich lösen. z braucht deshalb nicht seinen ganzen Wert ein-
zubüfsen. Es können ja auf Grund anderweitiger Erfahrungen
jederzeit andere Zusammenhänge: $x \to z$ entstehen und fest
werden. Es kann insbesondere die ursprüngliche Beziehung:
$(\alpha\,\beta\,\gamma) \to z$ sich differenzieren und in beschränkterem Umfang
erhalten bleiben. In der Regel führt nämlich erst ein Fall der
Enttäuschung, wie der soeben angenommene, den Strebenden zu
einer eingehenderen Analyse der Bedingungen seines Strebens.
Als Resultat dieser Analyse und neuer Strebungserfahrungen
ergiebt sich etwa, dafs z nur unter Voraussetzung des That-

bestandes $\alpha\, b_1\, \gamma$ begehrensunwert ist, während im Übrigen
die Beziehung $(\alpha\, \beta\, \gamma) \rightarrow z$ in Kraft bleibt. Das Symbol
$(\alpha\, \beta\, \gamma)$ als Ausdruck für die Bedingungen, unter denen z
regelmäfsig begehrt wird, gewinnt in diesem Falle nur eine
etwas engere Bedeutung.

Ein näheres Eingehen auf die mannigfachen Möglichkeiten
der Wertbildung und Wertveränderung ist für den Zweck der
vorliegenden Untersuchung nicht erforderlich.[1]) Soviel dürfte
durch das Gesagte deutlich geworden sein: dafs und inwiefern
die Wertungen von den blofsen Begehrungen zu unterscheiden
sind. Eine Begehrung ist ein einzelnes aktuelles Erlebnis,
das durch das eigenartige Gefühl des Strebens charakterisiert
und von Erlebnissen anderer Art unterschieden ist. Eine
Wertung ist ein konstanter Zusammenhang zwischen
einem inhaltlich bestimmten Begehren und einem Komplex
von Teilinhalten als regelmäfsiger Bedingung dieses Begehrens. Man kann demnach die Wertungen auch als Dispositionen zu bestimmten Begehrungen bezeichnen.[2])

---

1) Ich verweise dafür auf die oben citierten werttheoretischen
Arbeiten des Frhrn. v. Ehrenfels.

2) Man vergleiche in Wundts Ethik [38] den Begriff der Begehrungsdisposition (S. 479) und der „Gemütsrichtung" (443), sowie die Unterscheidung zwischen vorübergehenden und bleibenden Motiven
(477/8). — Gelegentlich stellt Wundt auch „aktuelle" und „potentielle
Motive" einander gegenüber. Als aktuelle bezeichnet er alle Motive,
die „thatsächlich zur Wirksamkeit im Wollen gelangen"; als potentielle
diejenigen, „die als gefühlsärmere Elemente des Bewufstseins unwirksam
bleiben"; (ibid. S. 440). Diese begriffliche Unterscheidung deckt sich
nicht völlig mit der von mir vollzogenen: zwischen Wertungen und
aktuellen Begehrungen. Eine Wertung bleibt notwendig ein blofs „poten-
tielles" Begehren, solange die komplementären Bedingungen für ihre
Aktualisierung, d. h. die Inhalte, die mit den entsprechenden Begehrungen
in konstantem Zusammenhange stehen, nicht gegeben sind (cf. oben
S. 35). Sind diese auslösenden Bedingungen thatsächlich gegeben, so
kann die zu Grunde liegende Wertung in relativ sehr gefühlsstarken
aktuellen Begehrungen zur Erscheinung kommen. Und dabei wird nicht
etwa potentielle psychische Energie derart in aktuelle „umgesetzt", dafs

Eine Wertung hört nicht auf zu existieren, wenn auch
ihr Objekt lange Zeit hindurch nicht aktuell begehrt wird;
nur müssen die entsprechenden Begehrungen in dem Sinne
psychisch „vorhanden" bleiben, dafs sie unter bestimmten
psychischen Bedingungen, d. h. sobald ein bestimmter Komplex
von Teilinhalten gegeben ist, thatsächlich regelmäfsig auftreten, welches auch im Übrigen der jeweilige psychische Zustand des Wertenden sei.

Meinong und v. Ehrenfels haben die hiermit bezeichneten
Thatsachen keineswegs übersehen. Zuweilen legen sie die soeben entwickelte Anschauung vom Wesen des Wertes sogar
stillschweigend ihren Ausführungen zu Grunde.[1]) v. Ehrenfels
bemerkt gelegentlich, unter dem für den Wert charakteristischen
Begehren sei „nicht ausschliefslich ein aktuelles, sondern eben-
sowohl ein mögliches Begehren oder, was dasselbe, eine Be-
gehrens-Disposition zu verstehen".[2])

_____

nun das potentielle Begehren als solches aufhören müfste zu existieren.
Vielmehr pflegt eine Wertung neben und nach ihrer Aktualisierung unverändert in dem oben definierten Sinne fortzubestehen: wenn die auslösenden Bedingungen wieder gegeben sind, begehren wir von Neuem
aktuell in der gleichen Richtung. Der konstante psychische Zusammenhang, der das Wesen jeder Wertung ausmacht, wird sogar ceteris paribus
dadurch gefestigt, dafs die zugehörigen aktuellen Begehrungen eintreten.
    1) Meinong [28] S. 342: „Streng genommen, kann ich also den
Wert eines Objekts niemals „ „fühlen" " . . . (Es) leuchtet ein, dafs es
ein Mifsverständnis wäre, etwa das Wort „ „Wertgefühl" " im Sinne
eines darin zu fühlenden Wertes zu nehmen." Dem „Wertgefühl" soll
„charakterisierende Bedeutung in der Wertthatsache zukommen": „man
wird sich aber zu hüten haben, die Verbindung, durch welche hindurch
diese Charakteristik erfolgt, für eine engere zu halten, als sie in Wahrheit ist." Schliefslich wird das Wesen der „Bewertung" von Meinong
in das Werturteil verlegt. — Das Moment der Konstanz oder spezifischen
Gesetzmäfsigkeit, worin mir das Charakteristische der Wertthatsache zu
bestehen scheint, tritt nirgends deutlich hervor. Eine Wertung bleibt,
was sie ist, mag sie nun von dem Wertenden richtig oder falsch, mag
sie auch überhaupt nicht von ihm beurteilt werden. (cf. im Folgenden S. 41—44.)
    2) [5], S. 209. Ähnlich [6], S. 67 oben; allerdings findet sich kurz

Das potentielle oder besser: konstante Moment in jeder Wertung muſs als charakteristisches Merkmal in die allgemeine Wertdefinition aufgenommen werden; denn dadurch gerade unterscheidet sich die Wertung von dem einfachen aktuellen Begehren. Dieses für sich allein macht noch keinen Wert, und die Wertung ist mehr als ein aktuelles Begehren oder eine bloſse Summe von Begehrungsakten.

Wenn auch die Sprache des täglichen Lebens nicht ganz konsequent die Wertungen von den einzelnen Strebungen unterscheiden sollte: für die Wissenschaft ist diese empirisch geforderte begriffliche Unterscheidung, wie ich glaube, unentbehrlich und von groſser Tragweite. Sie ist für die Moraltheorie genau so wichtig, wie für die Erkenntnistheorie die analoge Unterscheidung zwischen Begriffen und unmittelbaren Wahrnehmungen.

Der Gegensatz, um den es sich handelt, wird besonders deutlich durch diese Analogie: Jede Wertung verhält sich zu den ihr zugehörigen aktuellen Begehrungen, wie der Begriff von etwas objektiv Existierendem zu den einzelnen Empfindungen, die er zusammenfaſst; objektiv ausgedrückt: wie das Ding zu seinen sinnlichen Eigenschaften oder Erscheinungen.[1])

---

vorher der Satz: „Jeder einzelne Wert besteht . ., genau genommen, nur für ein bestimmtes Individuum zu einer bestimmten Zeit." — Gewiſs sind die „Gefühlsdispositionen der Menschen" nicht unveränderlich; aber wir würden gar nicht von Dispositionen sprechen, wenn wir nicht damit etwas relativ konstant Existierendes bezeichnen wollten. — Völlig klar ist es mir übrigens aus den Schriften von Ehrenfels nicht geworden, was er unter „Gefühlsdispositionen" versteht und wie er sich speziell ihr Verhältnis zu den „Begehrens-Dispositionen" denkt.

1) Man könnte demnach die Wertungen im Gegensatz zu den aktuellen Begehrungen allgemein als „objektive" Willensthatsachen bezeichnen. Aber wegen der Vieldeutigkeit des Ausdrucks „objektiv" (vielfach nennt man nur die auf richtigen Urteilen beruhenden Wertungen „objektive"), glaubte ich diese Terminologie vermeiden zu sollen.

2. Wertung und Werturteil.

Meinong ist daher durchaus berechtigt, zu sagen: der
Wert eines Objekts könne „in seiner Totalität" nicht unmittelbar gefühlt werden; das ist ebenso richtig, wie dafs ein Ding,
streng genommen, niemals unmittelbar empfunden oder wahr-
genommen werden kann. Aber deshalb besteht die Wertung
nicht, wie Meinong anzunehmen scheint,[1]) in einem Werturteil.
Die Wertungen sind Begehrungsdispositionen oder konstant existierende psychische Zusammenhänge im oben dargelegten Sinne. Sie können daher „als Ganzes" für das
Bewufstsein nur in der Form des entsprechenden Werturteils gegeben sein;[2]) aber das Werturteil ist nicht die
Wertung. Diese entsteht und vergeht nicht mit ihrer Ein-
fügung in die Form des Urteils.

Die grofse Mehrzahl unsrer Wertungen kommt gar nicht in
Gestalt von Urteilen zum Ausdruck; wir wissen überhaupt nichts
von ihnen, trotzdem wir ihre regelmäfsigen Wirkungen oder
Erscheinungen (die einzelnen Strebungen) thatsächlich erleben.

Ein anderer nimmt möglicherweise gewisse Ausdrucks-
bewegungen wahr, in denen diese Strebungserlebnisse sich bei
uns kenntlich machen, und schliefst vielleicht daraus auf
Wertungen, die wir besitzen, ohne es zu wissen. Er fällt
dann seinerseits das reine Thatsachenurteil: x legt auf dies und
jenes Wert. Wir selbst täuschen uns, wenn wir wirklich
darüber urteilen, sehr häufig über unsre eigenen Wertungen;
und diese werden durch solche Irrtümer als solche nicht be-
rührt. Es ist eine ganz allgemeine Thatsache, dafs man gewisse
Wertungen, die man thatsächlich hat, sich selbst nicht ein-
gesteht, andere wiederum, die man nicht besitzt, sich einbildet.[3])

---

1) cf. oben S. 40, Anm. 1.   2) Vgl. jedoch im Folgenden S. 49/50
und 68 ff.

3) Das sind sozusagen die beiden Extreme des Irrtums über eigene
Wertungen; dazwischen liegen noch zahllose Abstufungen von Irrtümern
über die Höhe des Wertes, den ich einem Objekt faktisch beilege, —
worauf hier nicht besonders eingegangen zu werden braucht.

Unsere Werturteile können also wahr oder falsch sein: eine Wertung als solche läfst die Frage nach der Wahrheit nicht zu; sie ist so wenig wahr oder falsch, wie ein Gefühl oder eine Empfindung; sie existiert entweder, oder sie existiert nicht. Natürlich kann jede Wertung unter Umständen zu einem (richtigen oder falschen) Werturteil führen; aber man wird nicht alles, was möglicherweise in einem Urteil Ausdruck finden kann, schon selbst als ein Urteil bezeichnen dürfen.[1]) In jedem Falle ist der konstante psychische Zusammenhang, der das Wesen der Wertung ausmacht, nicht identisch mit einem Wissen um diesen Thatbestand oder einem Urteil über seine Existenz.

Die Wertqualität kann auch blofs hypothetisch einem Objekt zugeschrieben werden. Wenn ich urteile: Das Objekt x hat thatsächlich Wert für das Individuum A, trotzdem es von A gegenwärtig in keiner Weise gewertet wird (vielleicht weifs A gar nicht, dafs x existiert oder möglicherweise existieren könnte), so fälle ich damit ein hypothetisches Werturteil. Ich setze ein Wertsubjekt oder eine Beschaffenheit dieses Wertsubjekts voraus, die zur Zeit noch nicht existieren. Auf Grund eigener Wertungen, vielleicht auch mit Rücksicht auf andere

---

1) Die hier vertretene Auffassung von der psychologischen Natur des Wertes deckt sich teilweise mit dem, was Cornelius in seinem jüngst erschienenen Werke [4] (S. 375—381) über den Wertbegriff ausführt. Aber gerade gegen diese Werttheorie habe ich einzuwenden, dafs sie ausschliefslich auf Werturteile sich erstreckt, dafs sie den von mir als „Wertung" bezeichneten und oben näher beschriebenen Thatbestand nicht hinreichend berücksichtigt und von der Wertbeurteilung nicht unterscheidet.

Die hieraus sich ergebende Differenz wird freilich dadurch verringert, dafs die Begriffe „Urteil" und „Erkennen" bei Cornelius eine ungewöhnlich weite Bedeutung haben. Allein, die Gefahr einer zu intellektualistischen Auffassung der Wertthatsachen scheint mir Cornelius nicht ganz vermieden zu haben. Das gilt besonders von seiner, auf die Analyse des Wertbegriffs gestützten Theorie der moralischen Beurteilung (a. a. O., S. 409—414).

verwandte Wertungen, die A wirklich zur Zeit besitzt, bin
ich überzeugt, A würde das Objekt x werten, wenn gewisse
Bedingungen erfüllt wären, wenn z. B. gewisse Kenntnisse und
Erfahrungen ihm zur Verfügung ständen, über die er gegenwärtig noch nicht verfügt. Für solche hypothetischen Werturteile, die Meinong[1]) zuweilen als Urteile über objektiven
Wert bezeichnet, besteht die Möglichkeit des Irrtums in noch
höherem Grade, als für die subjektiven Werturteile, die eine
für den Urteilenden selbst wirklich vorhandene Wertung behaupten. Die vorausgesetzten Änderungen in der psychischen
Verfassung von A können eintreten, ohne dafs die erwartete
Wertung bei ihm entsteht.

Werturteile jeder Art setzen den psychologischen Thatbestand der Wertung im oben definierten Sinne bereits
voraus. Von den Wertungen als den ursprünglichen und einfachsten Wertthatsachen hat die Psychologie des Wertes aus-
zugehen. —

Nach diesen Vorbemerkungen über den psychologischen
Wertbegriff überhaupt, die nur das für die Ethik Unentbehr-
lichste aus einer allgemeinen Werttheorie beibringen sollten,[2])
wende ich mich nunmehr zu dem Begriff des absolut Wertvollen, als dem Grundbegriff der Moraltheorie.

---

1) cf. S. 32 und im Folgenden S. 53.

2) Leider mufs ich auf eine eingehendere Kritik der werttheoretischen
Untersuchungen von Meinong und von Ehrenfels, denen ich, positiv wie
negativ, zahlreiche Anregungen verdanke, an dieser Stelle verzichten.

Viertes Kapitel.

Das absolut Wertvolle als Prinzip der moralischen Beurteilung.

Die Einführung des Wertbegriffs in die Ethik kann allein den ethischen Eudämonismus wirklich überwinden helfen. Kant war nur deshalb überzeugt, dafs empirische Psychologie zu keinem anderen, als eudämonistischen (und daher heteronomen) Moralprinzip führen könne, weil er die psychische Thatsache des Wertes nicht genügend beachtet hat.[1]) Er war der Meinung, alle empirischen Bestimmungsgründe des Willens seien „von einer und derselben Art" und liefsen sich nur „unter das allgemeine Prinzip der Selbstliebe, oder eigenen Glückseligkeit" unterordnen.[2])

Die gleiche Annahme, die gleiche Vernachlässigung der Wertthatsache finden wir noch heute bei den Vertretern eudämonistischer Moralanschauungen. Sie wollen die Grenzen der Erfahrung nicht überschreiten und kommen nun über den Eudämonismus nicht hinaus, weil sie in Wirklichkeit nur einen kleinen Teil der ethischen Erfahrungsthatsachen berücksichtigen und daher ein schiefes Bild von den psychologischen Grundlagen der Moral gewinnen. Sie stimmen schliefslich darin alle überein, dafs jedes menschliche Begehren (im weitesten Sinne des Wortes) mit mechanischer Notwendigkeit auf relative Luststeigerung abzwecke. Wollen sie daher metaphysische Hypothesen ausschliefsen, hüten sie sich ferner vor allen unbewiesenen dogmatischen Annahmen, wie die vom unbedingten Werte des sog. Altruismus eine ist, —

---

1) Bei ihm spielt prinzipiell der Wertbegriff eine so geringe Rolle, dafs z. B. Hegler in seinem erschöpfenden Werke über Kants Moralpsychologie [8] darauf überhaupt nicht eingeht.

2) Kr. d. pr. V. [18], S. 24.

so können sie (unter jener psychologischen Voraussetzung)
immer nur zu „Maximen der Klugheit" — im Sinne Kants —
gelangen. Die Ethik wird zur „Güterlehre", d. h. zu einem
System von Regeln der Lebensklugheit, zu einer Anleitung,
wie man das naturnotwendige Ziel der „Glücksmaximation"
am vollkommensten, am sichersten und am billigsten, d. h. mit
möglichst geringen Opfern erreichen könne.[1])

Kants und Herbarts Polemik gegen den ethischen Eudämonismus hat nicht verhindern können, dafs diese Theorie
unter ihren Nachfolgern immer zahlreichere Vertreter fand
und dafs sie (in den verschiedensten Schattierungen) heutzutage
beinahe die ganze wissenschaftliche Ethik beherrscht. Nur
eine analytische Psychologie des Wertes kann die ethische
Prinzipienlehre wirklich weiter führen.

Wahrscheinlich wird im ersten Stadium des bewufsten
Lebens in der That nur dasjenige erstrebt, wovon der Strebende
eine relative Luststeigerung erwartet, (und auch die Wertbildung dürfte von solchen ursprünglichen Strebungen ihren
Ausgang nehmen). Aber jedes Streben hat die Tendenz, zu

---

1) Herbart ist darin ein echter Kantianer, dafs er die Ethik keineswegs als Güterlehre aufgefafst wissen will. Andrerseits verwirft er, wie
man weifs, den Kantischen Rekurs auf die intelligible Welt. Wenn er
trotzdem, wie Kant, die Psychologie aus der prinzipiellen Moraltheorie glaubt ausschliefsen zu müssen, so liegt das lediglich daran, dafs
auch bei ihm die Psychologie des Wertes zu kurz kommt. Die „Prinzipien der praktischen Vernunft" sind nach Herbart „willenlose Wert-
bestimmungen des Willens". Sie sind entstanden durch „blofse zusammen-
fassende Betrachtung", bei der sich „kein Gefühl des Angenehmen (und
noch weniger ein Begehren) eingemischt hat" [12], S. 217. Er geht
davon aus, dafs es Güter gebe — „und eine Schätzung derselben, wodurch sie eben als Güter bezeichnet werden —, unabhängig von allem
Wollen, Wünschen, Streben, Zueignen und dergleichen." [9], S. 5.
So gelangt er dazu, die moralischen Werturteile als „ursprüngliche"
ästhetische Urteile, die Ethik als einen Teil der Ästhetik aufzufassen. —
Überall macht sich der Mangel einer psychologischen Analyse der Wertthatsache überhaupt und ihres Verhältnisses zu den einzelnen Gefühlen
und Begehrungen geltend.

einer Wertung sich auszuwachsen; jedes Streben hinterläfst
in der Persönlichkeit nicht nur ein Erinnerungsbild, sondern
auch eine Begehrungsdisposition, auf Grund deren beim Wieder-
gegebensein des seinerzeit im Bewufstsein vorgefundenen Thatbestandes der Wille sich von Neuem auf das ursprüngliche
Strebungsziel richtet.[1]) Und nachdem einmal in dieser Weise
Wertungen sich gebildet haben, begehren wir thatsächlich
nicht mehr ausschliefslich, was wir für relativ lustbringend
halten, sondern obensosehr dasjenige, was für uns wertvoll,
d. h. Gegenstand einer Wertung geworden ist.

Man wende nicht ein, dafs auch in diesem Falle die Lust
doch immer das in letzter Linie Erstrebte sei, weil ein konstantes Strebungsziel, dessen Erreichung etwa dauernd mit
Unlust sich verbindet, erfahrungsgemäfs jene Eigenschaft (des
regelmäfsigen Begehrtwerdens) d. h. seinen Wert, ganz oder
teilweise, verliere. Diese Möglichkeit ist oben ausdrücklich
als ein Moment der Wertveränderung betont worden. Aber
dadurch wird die Thatsache nicht aufgehoben: dafs wir das
einmal mit Befriedigung Erreichte regelmäfsig wieder erstreben, solange bis wir thatsächlich ausreichende Unlust-
erfahrungen dabei machen. (Und es kann hinzugefügt werden:
diese Unlusterlebnisse müssen, je nach der Festigkeit der
Wertbeziehung, oft sehr intensiv und zahlreich sein, um eine
Wertung gänzlich zu vernichten). Es ist schon darauf hingewiesen worden, wie in den meisten Fällen auf Grund solcher
Erfahrungen nur eine Differenzierung der Bedingungen ein-
tritt, unter denen das Gewertete begehrt wird. Der psychologische Wertcharakter weicht sozusagen nur Schritt für
Schritt von den einmal gewerteten Objekten zurück.

---

1) cf. Kap. III. — Solche Dispositionen können lange Zeit hindurch
erhalten bleiben und fester und fester werden. Sie können aber auch
sehr rasch wieder verschwinden; sie werden zweifellos zum grofsen Teil
sofort wieder unterdrückt: im Kampfe mit kräftigeren Strebungen oder
Wertungen entgegensetzter Art.

Solange nun ein mögliches Ziel meines Strebens thatsächlich noch in Wertbeziehung zu mir steht, solange erstrebe
ich es bei gegebenen Bedingungen, gleichgiltig, ob ich es
vorher als relativ lustbringend vorgestellt habe oder nicht.
Diese Thatsache, meine ich, kann jeder in sich selbst erfahren;
und sie verträgt sich sehr wohl mit der Annahme (die zu
machen wir andrerseits gute Gründe haben): dafs ursprünglich von jedem nur dasjenige begehrt wird, wovon er ausdrücklich relative Lust erwartet. Es ist eben nur das primitive Wollen, das eine positive Lusterwartung zur Voraussetzung
hat. Es giebt keine angeborenen Wertungen. Wertbeziehungen
entstehen aber sehr bald in jeder normalen Persönlichkeit
(zunächst[1]) auf Grund befriedigender Strebungserfahrungen).
Und wo solche konstanten Zusammenhänge oder Dispositionen
einmal vorhanden sind, da können sie, als psychologische Bedingung für aktuelle Strebungen, die Vorstellung einer erwarteten Lust ersetzen.

Sicherlich ist auch dann die Erreichung des Erstrebten im
Allgemeinen von Lust begleitet; sicherlich reagieren wir auch
auf die Verletzung unsrer Wertungen mit relativer Unlust.[2]

1) Dieses „zunächst" will sagen, dafs die im Text — cf. auch
Kap. III — allein berücksichtigte Möglichkeit der Wertbildung die
primäre ist, auf der alle anderen erst beruhen. Die Wertung von notwendigen Mitteln zur Erreichung oder Erhaltung wertvoller Objekte —
die bei der Erweiterung und Festigung unsres Wertsystems eine so
grofse Rolle spielt, — setzt offenbar primäre Wertungen im oben angedeuteten Sinne schon voraus. Aber dasselbe gilt, soviel ich sehe, von
der Wertentstehung durch Suggestion und jede Art fremder Beeinflussung;
(worüber v. Ehrenfels in seinen mehrfach citierten wertpsychologischen
Untersuchungen ausführlich handelt). Wer uns eine Wertung suggerieren
will, mufs an schon vorhandene Werte bei uns anknüpfen. Den Aus-
gangspunkt bilden immer die individuellen Strebungserfahrungen.
Aber diese spezielleren werttheoretischen Fragen können in gegen-
wärtigem Zusammenhang unberücksichtigt bleiben.

2) Ebenso auf die Vernachlässigung unsrer Werte durch uns selbst.
Das Unlustgefühl der Reue — im weitesten Sinne des Wortes — ist
nur so zu erklären; cf. unten S. 67 ff.

Aber der Mechanismus des Luststrebens wird durch die
Wertungen durchbrochen; sobald die Funktion des Wertens
auch nur an einem Punkte sich gebildet hat, wird das Wollen
nicht mehr durch die Intensität und Dauer der erwarteten
Lust naturnotwendig und ausschliefslich bestimmt. Dieses an-
gebliche Gesetz, auf das zu allen Zeiten der ethische Eudämonismus sich berufen hat, gilt in dieser Form für kein ent-
wickeltes, d. h. für kein uns empirisch bekanntes Bewufstsein.

Durch die Thatsache des Wertens gewinnt das Willensleben sozusagen eine dritte Dimension, wenn man die Intensität und Dauer der von Fall zu Fall erwarteten Lust als
seine beiden ursprünglichen Ausmessungen bezeichnen will.
Die Lust-Unlustgefühle selbst wird man zur Wertthatsache
in Beziehung zu setzen haben. Es ist eine unberechtigte
Voraussetzung des konsequenten Eudämonismus, dafs die Gefühle nur nach ihrer Intensität und Dauer zu unterscheiden
seien; sie unterscheiden sich auch noch, und, wie ich glaube,
ganz besonders, nach der Breite und Tiefe ihres Ursprungs
in der Persönlichkeit, d. h. nach der Mannigfaltigkeit und
Festigkeit der Beziehungen, in denen ihr Gegenstand zu dem
System unsrer Wertungen steht.

Wenn man blofs die gewöhnlich so genannten Intensitäts-
Unterschiede der Lust-Unlust beachtet, so sind die Gefühls-
erlebnisse eines kleinen Kindes oder etwa eines Australnegers
als solche (d. h. als Gesamterlebnisse, — abgesehen von den
jeweils in sie eingehenden Teilinhalten —) kaum wesentlich von
denen eines hoch entwickelten Kulturmenschen zu unterscheiden.
Hier wie dort bewegen sich die Gefühle innerhalb der gleichen
Stufenfolge einer gröfseren oder geringeren Lust. Dazu kommt
dann die quantitative Verschiedenheit der Gefühle, nach ihrer
gröfseren oder geringeren Dauer, die wiederum durch den verschiedenen Habitus der Gesamtpersönlichkeit nicht wesentlich
modifiziert werden dürfte. Aber diese beiden Dimensionen der
Gefühle, und damit auch der Strebungen, sind nicht die einzigen,

die wir psychologisch zu konstatieren haben. Zwei Strebungen
samt der von ihrer Realisierung erwarteten Lust können nach
diesen beiden Richtungen hin gleich und doch sehr verschieden
sein: je nach der Tiefe, in der sie in der strebenden Persöulich-
keit ihre Wurzeln haben, d. h. je nach ihrem Verhältnis zu
etwa vorhandenen konstanten Wertzusammenhängen.

Wo die Fähigkeit oder Funktion des Wertens in gröfserem
Umfang sich realisiert findet, da sind auch die einzelnen Ge-
fühls- und Strebungserlebnisse in eigentümlicher Weise gesteigert und vertieft; sie tragen einen persönlicheren Charakter;
sie finden in der Persönlichkeit sozusagen eine vollere und
individuellere Resonanz: wir können da ganz allgemein von
einem höher entwickelten Gemütsleben sprechen.[1]) Und auch
innerhalb einer und derselben Persönlichkeit unterscheiden
sich die einzelnen Gefühle und Begehrungen nach dieser Tiefen-
dimension. Eine blofs durch den gegenwärtigen Gesamt-
bewufstseinszustand bedingte Laune oder Stimmung, die ohne
positive Beziehung zu meinen Wertungen, sozusagen „zufällig"
entsteht, mag noch so heftige und lang dauernde Gefühls-
schwankungen mit sich bringen, — diese Thatbestände unterscheiden sich doch sehr deutlich von solchen Strebungen, die
durch eine oder mehrere Wertungen innig gefordert sind, und
von den dadurch bedingten Gefühlserlebnissen.

Die Fähigkeit des Wertens ist, wie schon angedeutet,
die notwendige Voraussetzung aller Werturteile, also auch
der moralischen. Sie mufs in irgend einem Mafse gegeben
sein (Wertungen müssen vorhanden sein), sowohl bei dem,
der moralische Werturteile soll fällen können, als auch bei
dem, auf den sie Anwendung finden sollen, d. h. bei dem
Objekt der moralischen Beurteilung. Ein Wesen, das nur
momentaner, völlig regelloser Strebungen fähig wäre und
keinerlei Wertungen besitzen könnte, wäre kein mögliches

---

1) cf. S. 63 ff.

Objekt der moralischen Beurteilung. Das unbedingte Sittengesetz, wenn es ein solches giebt, gilt nur für das wertende
Bewußtsein; ebenso, wie die Denkgesetze nicht für irgend ein
beliebig gedachtes, sondern für jedes denkende Bewußtsein
gelten; sie setzen die Thatsache des Denkens notwendig
voraus und sind nur der Ausdruck für die Gesetzmäßigkeit
des denkenden Geistes. Das Prinzip der moralischen Beurteilung oder das absolut giltige Werturteil muß in analoger
Weise der Ausdruck sein für die spezifische Gesetzmäßigkeit
des Willenslebens, die uns in der Thatsache des Wertens
gegeben ist.

Von hier aus ergiebt sich unmittelbar die inhaltliche
Bestimmung des absoluten Wertbegriffs oder der Inhalt des
unbedingt giltigen Werturteils. Ehe ich jedoch dazu über-
gehe, muß ich noch in aller Kürze die Einwände berücksichtigen, die gegen die wissenschaftliche Berechtigung und
Möglichkeit dieses Begriffs und dieser Problemstellung in
jüngster Zeit gerade von den Begründern der neueren Werttheorie erhoben worden sind. Dadurch hoffe ich zugleich,
gewisse Mißverständnisse im voraus abzuschneiden, denen die
im Folgenden vertretene Anschauung vom absolut Wertvollen
als dem Prinzip der moralischen Beurteilung begegnen könnte.

v. Ehrenfels glaubt,[1] „von jeder Berufung auf einen
wie immer begründeten absoluten Wertbegriff durchaus Ab-
stand nehmen zu müssen". Er hält Brentanos Theorie vom
absolut Guten für den „einzigen Weg", auf dem das Ziel
eines absoluten Wertbegriffs „konsequenterweise überhaupt
verfolgt werden könnte". Diese Theorie aber hat sich ihm
als unhaltbar herausgestellt.[2] Was freilich nicht zu verwundern ist.

---

1) System der Werttheorie [6] S. 45.
2) cf. seine Einwände dagegen a. a. O., S. 43 ff. — Brentanos
Lehre vom absolut Wertvollen ist in dessen Schrift „Vom Ursprung
sittlicher Erkenntnis" [2] niedergelegt.

Brentano spricht nicht weniger als vier, ziemlich hetcrogenen, Objekten absoluten Wert zu und beruft sich dafür im Wesentlichen auf das populäre Bewufstsein. Die auf jene Objekte bezüglichen „Akte der Liebe" seien mit unmittelbarer Evidenz „als richtig charakterisiert". In dieser Weise charakterisieren sich für Brentano folgende psychische Thatbestände als absolut wertvoll: 1) das Vorstellen als solches, 2) die Erkenntnis, 3) die Lust, 4) die auf das Vorstellen oder die Erkenntnis oder die Lust gerichtete Liebe; ferner noch die entsprechenden Akte des „Vorziehens". — Hiergegen mufs neben den von Ehrenfels geltend gemachten, spezielleren Bedenken vor allem der prinzipielle Einwand erhoben werden, dafs es unmöglich mehr als Ein absolut Wertvolles geben kann. Macht jemand eine Mehrzahl von absoluten Werten namhaft, so erhebt sich sofort die Frage nach dem Verhältnis dieser Werte zu einander; jeder mufs notwendig alle anderen in gewisser Weise einschränken und bedingen (auf Grund der Einheit des Bewufstseins), und jeder sinkt daher von vornherein zu einem blofs bedingten Werte herab. Abgesehen von der Unzulänglichkeit der ganzen Brentanoschen Deduktion, — wenn selbst jeder der von ihm aufgestellten Werte unbedingten Wert beanspruchen dürfte, solange und soweit man von den übrigen abstrahierte —: unbedingter Wert könnte dann in Wahrheit doch nur einem bestimmten Verhältnis dieser Werte zu einander (nämlich dem unter jeder Bedingung wertvollen, wenn es ein solches gäbe) zugesprochen werden.

v. Ehrenfels hat stichhaltige Einwände gegen Brentanos Theorie des absoluten Wertes beigebracht; aber er hat keineswegs bewiesen, dafs dieser Begriff wissenschaftlich überhaupt unberechtigt sei, dafs jeder Versuch, ihn eindeutig empirisch zu bestimmen, fehlschlagen müsse.

Meinong, der in diesem Punkte mit Ehrenfels völlig übereinstimmt, begründet seinen Standpunkt etwas eingehender.

Er behauptet,[1]) an jedem Werte seien von vornherein zwei
„Relativitäten" zu konstatieren, die den Versuch, zu einem
absoluten Werte „durchzudringen", a priori zur Unfruchtbarkeit verurteilten. Die erste dieser Relativitäten soll in dem
sog. „Fähigkeitsmoment" bei aller Werthaltung bestehen.
Hier scheinen mir zwei Unklarheiten vorzuliegen. Meinong
führt, wie schon erwähnt,[2]) gleich zu Anfang den Begriff
eines objektiven Wertes in dem Sinne ein, in dem wir
wohl sagen: das Schreibenlernen hat für ein Kind Wert,
auch wenn es von diesem aus Unverstand thatsächlich nicht
gewertet wird. Diesen objektiven Wert unterscheidet Meinong
nirgends deutlich genug von dem ursprünglichen, wenn man
will: „subjektiven" Wertthatbestand (d. h. dem faktischen Dasein einer Wertung), aus dem er erst sekundär abgeleitet
werden kann.

Aufserdem[3]) kommt Meinong zu der Behauptung jenes
eigentümlichen „Fähigkeitsmomentes" durch die irreführende
Bezeichnung einer gewissen Gruppe von Lustgefühlen als
„Wertgefühle". Dadurch entsteht zunächst der Schein, als
ob die Thatsache des Wertes in diesen aktuellen Gefühlen
gegeben und erschöpft sei. Andrerseits aber hat auch Meinong
jenen dispositionellen Charakter des Wertes nicht ganz übersehen, der m. E. ein konstitutives Merkmal alles Wertes
ist und die Unterscheidung eines Wertgefühls vom Lustgefühl überhaupt erst möglich macht.[4]) Statt nun den Wert,
oder die Wertung, einfach zu definieren als eine Disposition
zu gewissen Begehrungen, fafst Meinong ihn vielmehr als
eine Fähigkeit der Objekte auf, „Wertgefühle" in einem Subjekt auszulösen. Da aber diese aktuellen Wertgefühle für
ihn im Grunde das Wesen alles Wertes ausmachen, und da
wir andrerseits doch von Werten wie von etwas reden, das

---

1) [27], S. 27—30.   2) oben S. 32/3; cf. auch S. 43/4.
3) cf. hierzu die polemischen Ausführungen von Ehrenfels [6], S. 54 ff.
4) cf. oben S. 40 Anm. 1.

(relativ) konstant existiert, auch zu Zeiten, wo wir derartige Wertgefühle nicht erleben, kommt Meinong zu dem Resultat: wertvoll sei nicht eigentlich das Wertgehaltene, sondern das, was die Fähigkeit habe, wertgehalten zu werden, wobei es immer noch fraglich bleibe, ob die Bedingungen dafür gegeben seien, ob diese Fähigkeit sich also wirklich realisiere.[1]) Schon hier scheint mir der Gedanke hineinzuspielen, auf den Meinong das Hauptgewicht legt, und der ihn zu der Behauptung einer zweiten Relativität alles Wertes führt, der Gedanke nämlich, (der heute unter Psychologen beinahe zu den Selbstverständlichkeiten gerechnet werden darf) —, dafs das Prädikat des Wertes nur mit Bezug auf ein wertendes Bewufstsein oder ein Wertsubjekt von einem Objekte ausgesagt werden kann; dafs, kurz gesagt: nichts einen Wert haben kann ohne einen, für den es wertvoll wäre.

Diese Thatsache, wie gesagt, wird von neueren Psychologen wohl überhaupt nicht mehr bestritten, wenn sie auch in ihrer ganzen Tragweite nicht allgemein beachtet werden sollte. Wer heute, wie Brentano und Schuppe,[2]) die Frage nach einem absolut Wertvollen stellt, thut das unter stillschweigender oder ausdrücklicher Voraussetzung dieser Subjektivität alles Wertes. Diese, von Meinong sogenannte, Relativität teilt der Wert mit allem Seienden überhaupt. Auch die Existenzbehauptung hat nur Sinn mit Bezug auf das Bewufstsein. Was nicht für irgend jemanden existiert, das existiert überhaupt nicht. Wir können von einer, sozusagen, hinter allem Bewufstsein liegenden Wirklichkeit nicht das Geringste wissen oder sinnvoll aussagen.

Diese Subjektivität oder psychologische Bedingtheit alles Wertes ist die Voraussetzung jeder empirisch-psycho-

---

1) In diesem Sinne ist alles Denkbare wertvoll; denn es giebt nichts, was nicht unter gewissen Bedingungen möglicherweise wertgehalten werden könnte.

2) Vgl. den Anhang zu diesem Kapitel.

logischen Werttheorie; und sie ist so wenig imstande, die
Frage nach einem absolut Wertvollen abzuschneiden, dafs
vielmehr nur unter dieser Voraussetzung diese Frage überhaupt einen Sinn hat. Müfsten wir Werte auch noch jenseits jedes menschlichen Bewufstseins vermuten, so wäre
ein eindeutiger Begriff des absolut Wertvollen von vornherein
ausgeschlossen; wir wüfsten niemals, wie jene transsubjektiven
Werte zu den uns empirisch bekannten sich verhielten; wir
müfsten mit zwei ganz verschiedenen Wertbegriffen operieren,
die nur den Namen miteinander gemein hätten, und von denen
der eine weder in der Psychologie noch in irgend einer anderen Wissenschaft eine Stelle finden könnte.

Die naive Anschauung von einer Welt, die unabhängig
von jedem Bewufstsein existierte, von einer Wirklichkeit,
die dem Denken als etwas Gegebenes fertig gegenüberstände,
und deren wir uns im Denken nur, sozusagen, bemächtigten, —
diese Anschauung hat Kant ein für allemal aus der Wissenschaft vertrieben. Er hat zum erstenmale die subjektive,
psychische, Bedingtheit alles Seienden bewufstermafsen zum
Ausgangspunkte einer ganzen positiven Philosophie gemacht.[1])
Nur indem er prinzipiell alle Erkenntnis in die Grenzen
möglicher Erfahrung einschlofs, konnte er zu notwendigen
und allgemeinen Urteilen gelangen, nur so konnte er die Erkenntnis gegen den Skeptizismus sichern. Unbedingt, d. h.
für alle mögliche Erfahrung a priori giltig sind die Urteile
über das, was alle Erfahrung überhaupt erst möglich macht,
d. h. die Urteile über die subjektiven (psychischen) Bedingungen der Erfahrung.

---

1) Freilich fällt er hin und wieder noch in die naive naturalistische
Weltanschauung zurück und zieht, gerade für die Ethik, nicht alle
Konsequenzen seines kopernikanischen Gedankens. Hier verwechselt er
sehr häufig das absolut oder unter allen Bedingungen Wertvolle,
also das in seinem Werte Unbedingte (das ethisch allein in Frage
steht) mit einem in seiner Existenz absolut (also auch psychologisch)
Unbedingten.

Man braucht nur die Konsequenz dieses Gedankens für die Werturteile zu ziehen, um den ethischen Skeptizismus zu überwinden, d. h. um ein unbedingt giltiges Kriterium alles Wertes oder den absoluten Wert zu finden. Es kann sich dabei, wie gesagt, nicht um ein absolut Wertvolles im Sinne der Transzendenz oder Transsubjektivität handeln. Die Frage lautet vielmehr: Was ist unbedingt wertvoll unter Voraussetzung des uns empirisch bekannten menschlichen Bewufstseins; welches ist das absolut giltige Werturteil für jedes wertende Individuum?

Der so gefafste Begriff des absoluten oder unbedingten Wertes ist zum Grundbegriff der Moraltheorie geeigneter — weil er weniger mifsverständlich und eindeutiger ist — als der Kantische Begriff des absoluten Sollens oder der unbedingten Pflicht.

Dieser Pflichtbegriff der Kantischen Ethik ist thatsächlich nicht völlig frei von metaphysischen Bestandteilen. Ihn erschöpfend, d. h. psychologisch zu definieren, war Kant aufserdem durch seine Abneigung gegen eine psychologische Analyse der ethischen Thatsachen verhindert. So ist es zu begreifen, dafs Schopenhauer in jenem Begriff des absoluten Sollens einen unversöhnlichen Widerspruch finden, dafs er schliefslich die Ethik Kants als eine im Grunde „theologische" mifsverstehen konnte.[1])

Nach Kant giebt es ein absolutes Sollen; aber er leugnete jedes empirische Interesse des Menschen an diesem Sollen, jedes psychologische Motiv zu seiner Erfüllung. Zwischen dem kategorischen Imperativ und dem empirischen Willensleben des Menschen liegt eine unüberbrückbare Kluft. „Die Gesinnung" (so heifst es in der Kritik der praktischen Vernunft[2])), „die ihm dieses", nämlich das moralische Gesetz,

---

1) Preisschrift über die Grundlage der Moral [30], S. 497 ff.
2) [18], S. 102—3.

„zu befolgen, obliegt, ist, es aus Pflicht, nicht aus freiwilliger
Zuneigung und auch allenfalls unbefohlener von selbst gern
unternommener Bestrebung zu befolgen". Es scheint in der
That, als würde hier ein übermenschlicher Gesetzgeber vorausgesetzt, dessen Wille in einer psychologisch völlig unver-
mittelten Weise dem Menschen befehlend gegenüberstände.
Schopenhauers Argumente gegen die Möglichkeit und wissenschaftliche Berechtigung des Begriffs eines unbedingten Sittengesetzes oder eines absoluten Sollens werden noch heute von
eudämonistischer, wie von skeptischer Seite vielfach wiederholt.
Dieser Begriff kann gegen die Angriffe des ethischen Skeptizismus und prinzipiellen Relativismus nur dadurch sicher
gestellt und für die Moralwissenschaft brauchbar gemacht
werden, dafs man ihn auf den Begriff des absolut Wertvollen zurückführt und diesem einen rein psychologischen
Inhalt giebt.

Dem Worte „Sollen" haften von vornherein zwei Neben-
bedeutungen an, die in ethischen Überlegungen schon oft
Verwirrung angerichtet haben. Einmal bezeichnet man mit
„Sollen" auch solche Thatbestände, die mit dem Willen des
Sollenden direkt gar nichts zu thun haben: ich „soll" dies
oder jenes thun, d. h. ein anderer will, dafs ich es thue;
ich „soll" vielleicht ins Wasser springen, in dem Sinne, dafs
ein Geisteskranker dies wünscht. Gegen ein derartiges Sollen
kann ich mit meinen Strebungen und Wertungen mich gänzlich ablehnend oder gleichgiltig verhalten; es braucht sogar
für mein Bewufstsein in keiner Weise zu existieren. Diese Möglichkeit darf aber beim ethischen Sollen offenbar nicht zu-
treffen. Von der sittlichen Verbindlichkeit eines absoluten
Sollens, das der Sollende nicht selbst in irgend einem Sinne
anerkennt, zu dessen Erfüllung er keinerlei innere Verpflichtung fühlt, würde keine Ethik überzeugen können. Die im-
perative Form ethischer Prinzipien verführt leicht dazu, dafs
der Ethiker seine wahre Aufgabe: von Thatsachen eine wissen-

schaftliche Theorie zu liefern, aus den Augen verliert und
statt dessen blofs subjektive Wünsche vorträgt.

Wo aber auch diese Gefahr vermieden wird, wo man den
Verpflichtungsgrund des sittlichen Sollens in der ethisch zu
beurteilenden Persönlichkeit selbst sucht, da kann noch ein
anderer Nebensinn des Wortes „Sollen" die Klarheit der
ethischen Untersuchung trüben. Man redet vorzugsweise dann
von einem Sollen, wenn der Sollende dem, was er soll, mag
er es auch selbst als pflichtgemäfs anerkennen, doch in gewisser Weise widerstrebt. Ein Widerstreit zwischen Pflicht
und Neigung wird vielfach schon in dem Begriff des Sollens
mitgedacht. Zweifellos ist dieser Gegensatz zwischen der
sittlichen Pflicht und der augenblicklichen Neigung ethisch
von der gröfsten Bedeutung. Vielleicht werden wir dessen,
was wir sittlicherweise sollen, sowie der Zuverlässigkeit unsrer
ethischen Wertungen uns nie so deutlich bewufst, als gelegentlich solcher inneren Konflikte.[1]) Aber die Möglichkeit,
völlig konfliktlos das Gute zu wollen und zu thun, darf zum
mindesten nicht a priori geleugnet werden. Dafs man nur
gegen die augenblickliche „Neigung" sich für das sittlich
Geforderte entscheiden könne, wie Kant es zuweilen darstellt,
ist nie bewiesen worden. Wird der Begriff des sittlichen
Sollens in diesem Sinne eingeschränkt, so ist er von vornherein zu eng zum Grundbegriff der ethischen Prinzipienlehre.

Der Wertbegriff ist frei von derartigen irreführenden
Voraussetzungen. Dafs es möglich ist, das Wertvolle, d. h.
die Objekte eigener Wertungen, bei gegebenen Bedingungen
thatsächlich zu erstreben, liegt schon im Begriff der Wertung.
Aber wir sind im entwickelten Leben stets im Besitze von
vielen, mehr oder weniger verschieden gerichteten Begehrungsdispositionen, und auch aufserhalb der vorhandenen Wert-

---

1) Vgl. hierzu die Ausführungen von Simmel über „sittliches Verdienst" [31] Bd. I, S. 219—232.

zusammenhänge können auf Grund des augenblicklichen Bewußtseinszustands jederzeit neue Begehrungen entstehen. Es kann daher gelegentlich der Fall eintreten, daß ein durch eine Wertung gefordertes Begehren mit einem anderen kollidiert, und daß wir schließlich etwas anderes aktuell erstreben und thun, als, was wir werten, was unter den gegebenen Bedingungen für uns erstrebenswert ist. Auf die Thatsache des Wertungskonflikts muß weiter unten noch näher eingegangen werden.[1]) Eines aber dürfte von vornherein nicht zweifelhaft sein: ein Begehren kann uns als ein nicht sein sollendes nur dann erscheinen, wenn zugleich irgend welche Wertungen für uns bestehen, die unter den gleichen Bedingungen unser Streben nach einer anderen Richtung weisen.

Durch Kants Ethik ist die Frage brennend geworden, wie es denkbar sei, daß (im Sinne eines autonomen Moralprinzips) der sittliche Gesetzgeber, d. h. der Verpflichtungsgrund zum Sittlichen, und andrerseits der diesem Gesetz Gehorchende, möglicherweise aber auch nicht Gehorchende — in Einer Person vereinigt wären. Diese Frage läßt sich nur psychologisch, und in befriedigender Weise nur durch Einführung des Wertbegriffs beantworten. Der Mensch ist innerlich nur seinen eigenen Wertungen gegenüber verpflichtet. Ein Sollen aber, dem das einzelne aktuelle Wollen mit psychologischer Notwendigkeit entsprechen müßte, wäre kein Sollen mehr. Solange man daher den Unterschied zwischen bloß aktuellen Begehrungen und Wertungen nicht beachtet, muß man an der Möglichkeit, eine positive Ethik auf psychologischem Wege zu begründen, notwendig verzweifeln. Will die ethische Prinzipienlehre über metaphysische Spekulationen, und zugleich über den Eudämonismus und absoluten Relativismus hinauskommen, so muß sie psychologische Werttheorie werden. — Der Begriff eines Sollens, das nicht aus

---

1) Vgl. S. 66 ff.

dem Wertungsleben des Sollenden selbst entspränge, ist psychologisch ohne Inhalt und ethisch völlig unfruchtbar. Von absolutem Sollen oder unbedingter Pflicht darf die wissenschaftliche Ethik nur reden im Sinne eines absolut Wertvollen, wo „absolut" nichts anderes bedeutet, als: unbedingt für jedes wertende Bewufstsein. Dieser Begriff des absolut Wertvollen kann nur eine spezifische Gesetzmäfsigkeit des uns empirisch bekannten psychischen Lebens zum Inhalt haben. Es giebt nichts, das nicht unter Umständen für irgend jemanden Wert haben oder erlangen könnte. Zahllosen Objekten wird nur deshalb Wert zugesprochen, weil sie als Mittel einem oder mehreren anderen Werten dienen; diese dienen vielleicht wieder anderen und so fort: alle (von Ehrenfels sogenannten) „Wirkungswerte" sind als solche notwendig in mehr als einer Hinsicht bedingt. Sie verlieren ihren Wert, sobald das von ihnen abhängige schliefsliche Wertobjekt (der „Eigenwert") seinen Wert verliert; und sie sind andrerseits nur solange und nur in dem Mafse wertvoll, als der durch sie möglicherweise gewirkte Eigenwert thatsächlich von ihnen abhängig ist; d. h. ihr Wert ist auch insoweit bedingt, als sie durch andere Wirkungswerte ersetzt werden können.

Aber auch solche Objekte, deren Wert nicht direkt von einem darüber hinausliegenden Werte abhängt, auch Eigenwerte — im Ehrenfelsschen Sinne — können in ihrem Werte mannigfach bedingt sein; vor allem dadurch, dafs neue Werte sich bilden können, mit denen sie, mittelbar oder unmittelbar, unverträglich sind.[1]

Das unbedingt Wertvolle mufs für jedes wertende Individuum Wert haben und seinen Wert unter allen Bedingungen behaupten. Es mufs ihn behalten, solange noch irgend etwas gewertet wird; es darf ihn nicht dadurch

1) Vgl. die späteren Ausführungen über den Wertungskonflikt, besonders S. 71/2.

verlieren, dafs irgend ein Teil der gewerteten Objekte wertlos wird; und es mufs mit allen überhaupt möglichen Werten verträglich sein.

Soviel ich sehe, giebt es nur Ein mögliches Wertobjekt, das diesen Anforderungen entspricht. Absolut wertvoll kann nichts anderes sein, als die unerläfsliche subjektive Bedingung aller Werte überhaupt, aller für irgend jemanden thatsächlich vorhandenen und aller in Zukunft jemals möglichen Werte. Das aber ist diejenige funktionelle Eigenschaft der menschlichen Persönlichkeit, die in allen überhaupt denkbaren Wertungen sich positiv bethätigt: die psychische Fähigkeit oder Funktion des Wertens ist das Objekt des absolut giltigen Werturteils oder das unbedingt Wertvolle.

Alle denkbaren Werturteile, welches auch ihr spezieller Inhalt sei, setzen bei dem Urteilenden eines unbedingt voraus: das Vorhandensein von konstanten Begehrungen, wie sie im Vorangehenden näher charakterisiert und, in Anlehnung an den Sprachgebrauch, als Wertungen bezeichnet wurden. Ein Individuum, das Empfindungen, Vorstellungen und Begriffe davon, ja auch aktuelle Gefühle und Strebungen, sowie Erinnerungsbilder von diesen einzelnen Erlebnissen hätte, dem aber die Fähigkeit des (oben geschilderten) relativ konstanten Begehrens fehlte, könnte niemals zu Werturteilen gelangen. Ausgeführte Werturteile sind nichts weiter, als Aussagen über solche konstanten Willensthatbestände. Von ihrer Existenz ist auch das Verständnis eines gehörten Werturteils absolut abhängig.

Alles auf der Welt verlöre für mich unbedingt jeden Wert in dem Augenblick, in dem ich die Fähigkeit des relativ konstanten Begehrens verlöre. Diese Wertungsfähigkeit ist das a priori jedes einzelnen Werturteils und jeder empirisch möglichen systematischen „Wertordnung"; sie ist die notwendige, durch nichts anderes ersetzbare Bedingung für alle Werte überhaupt; daher hat sie unbedingten Wert für jedes Individuum, das irgend welche Werte thatsächlich besitzt.

Nun ist die Funktion des Wertens keine elementare
psychische Thatsache; sie setzt ihrerseits gewisse Seiten
psychischer Lebendigkeit, die an sich mit dem Werten nicht
zusammenfallen, notwendig voraus: wer nicht empfinden, vorstellen, fühlen und wollen könnte, der könnte natürlich auch
nicht werten. Aber diesen einfacheren psychischen Funktionen
kann nicht absoluter Wert zugesprochen werden. Sie sind,
für sich allein, nicht vollständige und ausreichende Bedingung,
sie sind nur Teilbedingungen für das Dasein von Werten
überhaupt. Wir können uns ein Wesen denken, das sie be-
säfse, ohne doch Wertungen zu besitzen. Und andrerseits
giebt es auch für das wertende Individuum Empfindungen,
Vorstellungen, Gefühle und aktuelle Begehrungen, die mit
seinen Werten nichts zu thun haben. Jene elementaren see-
lischen Bethätigungen sind nur bedingt wertvoll, nämlich nur,
soweit sie zu der eigenartigen Funktion des Wertens sich
zusammensetzen. (Der relative Wert aller psychologischen
Teilbedingungen des Wertens ist in dem oben formulierten
absoluten Werturteil implicite schon ausgesprochen.) Das
psychische Leben überhaupt, so gewifs es die notwendige
Voraussetzung des Wertens bildet, hat absoluten Wert nur
in dieser Richtung, nur als Bedingung für Werte überhaupt,
nur sofern es sich in Wertungen organisiert.[1]

Die Fähigkeit, wertzuhalten, ist die von Kant gesuchte
synthetische, Einheit schaffende Form des Willens. Sie realisiert
sich empirisch an dem Stoff (Kantisch gesprochen) der einzelnen Begehrungen. Der Grad ihrer — der Möglichkeit nach
unbegrenzten — Entwickelung ist bei den verschiedenen Individuen sehr verschieden; und hierin eben liegt die tiefste, d. h.
die moralische Verschiedenheit der Menschen begründet.[2]

---

1) Vgl. den Anhang zu diesem Kapitel (Schuppes Theorie des absolut Wertvollen).

2) Nach dem Gesagten braucht wohl nicht noch besonders betont
zu werden, dafs unter der „Fähigkeit des Wertens“ als dem unbedingt

Die moralische Beurteilung geht nicht direkt auf einzelne Handlungen oder Charaktereigenschaften, sondern auf das Ganze der wollenden Persönlichkeit. Der Mensch ist moralisch umso wertvoller, je mehr er „Charakter" oder „Gesinnung" hat, wenn man mit diesen Ausdrücken, wie es thatsächlich vielfach geschieht, die Fähigkeit des konstanten Begehrens bezeichnen will. Das Prinzip oder der Mafsstab der moralischen Beurteilung ist das unbedingt giltige Werturteil. Der absolute oder moralische Wert eines Menschen ist direkt abhängig von dem Mafse, in dem er an dem absolut Wertvollen Anteil hat, d. h. in dem die Funktion des Wertens sich in seinem psychischen Leben realisiert findet.

Man könnte das die Wertungsenergie der Menschen nennen. In analogem Sinne redet man auf intellektuellem Gebiet von einer „Energie des Denkens." Wollen wir die Erkenntnishöhe eines Individuums, die Stufe seiner intellektuellen Entwickelung beurteilen, so fragen wir, in letzter Linie, nicht, ob der betreffende dies oder jenes wisse, ob er bestimmte einzelne Begriffe zur Verfügung habe, sondern wir suchen festzustellen, in welchem Umfang er überhaupt ein „denkender Mensch" sei; seine einzelnen Kenntnisse und Urteile sind uns nur Symptome für seine Leistungsfähigkeit im Urteilen und Erkennen überhaupt. Es kommt darauf an, welche Rolle die Funktion des Denkens in seinem psychischen Leben spielt, wie grofs die funktionelle Energie seines Denkens ist.

Solche Überlegungen entscheiden natürlich nicht über den moralischen Wert des Menschen. Moralität ist eine

Wertvollen hier nicht etwa blofs eine abstrakte logische Möglichkeit verstanden wird, die für alle ethisch überhaupt inbetracht kommenden Menschen gleich grofs wäre, und die erst bei Erfüllung gewisser Bedingungen zur Wirklichkeit würde; sondern es handelt sich um die lebendige Kraft des Wertens, die nur in thatsächlich vorhandenen Wertungen zur Erscheinung kommt. — Vgl. die folgenden Ausführungen.

spezifische Qualität der wollenden Persönlichkeit, eine Beschaffenheit des menschlichen Willens.

Wenn man im gewöhnlichen Leben jemanden schlechthin
einen „energischen" Menschen nennt, mehr noch, wenn man
ihm „Charakter" oder Charakterstärke zuspricht, ist man sich
bewufst, ihm damit eine moralisch wertvolle, ja unerläfsliche
Eigenschaft zuzuerkennen. Das wird besonders deutlich durch
die negativen Extreme: Energielosigkeit, Charakterlosigkeit.
Man hat hierbei vor allem diejenige Fähigkeit im Auge, die
nach dem Gesagten das Wesen der Moralität ausmacht: die
Fähigkeit, sich Zwecke zu setzen, die in festen Beziehungen
zu der wollenden Persönlichkeit stehen, und diese Zwecke besonders auch im Gegensatz zu den Antrieben des Augenblicks
konstant festzuhalten. Allerdings decken jene Ausdrücke in
der Regel nicht völlig das, was oben als „Wertungsenergie"
bezeichnet wurde.

Einmal deshalb, weil man dabei von solchen konstanten
Begehrungen zu abstrahieren pflegt, die so allgemein sind,
dafs man sie wie etwas „Selbstverständliches" bei jedem
voraussetzt. Ähnlich pflegen wir da, wo es sich um die
Intelligenz eines Menschen, um die Stufe seiner Verstandes-
entwickelung handelt, von den Produkten der einfachsten
Theorienbildung abzusehen; wir beachten vorzugsweise solche
Leistungen seines Verstandes, in denen ein besonders hohes
Mafs von Energie des Denkens sich gleichsam konzentriert.
Aber natürlich giebt es hier nur graduelle Unterschiede. Be-
gegnete uns ein Mensch, der, unter Voraussetzung der not-
wendigen Erfahrungen, nicht einmal das primitive Urteil
fällen könnte, dafs der in freier Luft losgelassene Stein zu
Boden fällt, so würden wir daraus ohne Weiteres auf das
Mafs seiner Verstandeskraft zurückschliefsen. Wenn man
analoge Beispiele aus dem Wertgebiet ins Auge fafst, so wird
man erkennen, dafs auch die primitivsten und alltäglichsten
Wertungen moralisch nicht völlig gleichgiltig sind. Bei einem

rechten „Augenblicksmenschen" betrachtet man es schon als einen erheblichen moralischen Fortschritt, wenn er für irgend etwas sich relativ dauernd zu „interessieren" beginnt, wenn irgend welche konstanten Begehrungen neuerdings bei ihm zu Tage treten.

Noch in einer anderen Beziehung ist das, was man gemeinhin als „Energie" oder wohl auch als „Willenskraft" bezeichnet, verschieden von dem, was hier unter Wertungsenergie verstanden wird. Energie ist nach dem gewöhnlichen Sprachgebrauch eine Eigenschaft, die vorzugsweise oder ausschliefslich in äufseren Willenshandlungen zur Erscheinung kommt. Man denkt dabei wesentlich an die Erfolge, die einer mit seinem Wollen erreicht. Der Erfolg aber, als welcher immer nur . teilweise vom Wollen und Werten des Handelnden abhängt, ist moralisch an sich gleichgiltig. Für das ethische Urteil gilt überall der Satz Goethes: „Das Thun interessiert, das Gethane nicht."[1]) Und auch das Thun kommt moralisch nur inbetracht, soweit es einen Rückschlufs auf den Charakter des Handelnden, d. h. auf das Vorhandensein oder Fehlen von Wertungen gestattet.[2]) Andrerseits giebt es Wertungen, die niemals in ausgeführten Willenshandlungen zu Tage treten oder doch, wie z. B. die meisten ästhetischen Wertungen, in einer so mannigfach vermittelten, unwägbaren Weise das Thun und Lassen bestimmen, dafs sie trotz der hohen Bedeutung, die sie für das Wertungsleben haben können, für gewöhnlich nicht hinreichend berücksichtigt werden, wenn man von der Energie oder dem Charakter eines Menschen spricht.

Es wurde oben bereits auf die Analogie zwischen Wertbildung und Begriffsbildung hingewiesen. Wie die Be-

---

1) cf. dazu seinen Spruch: „Dem thätigen Menschen kommt es darauf an, dafs er das Rechte thue; ob das Rechte geschehe, soll ihn nicht kümmern."

2) cf. oben S. 19/20; 27.

griffe von objektiv Existierendem eine Mannigfaltigkeit von
Empfindungsmöglichkeiten einheitlich zusammenfassen, so
bringen die Wertungen in spezifischer Weise Einheit in das
Chaos der Begehrungsmöglichkeiten. Die intellektuelle
Tüchtigkeit oder die Verstandesbildung eines Menschen ist
um so gröfser, je mehr er fähig ist, Erlebtes und Erwartetes
denkend zu verknüpfen. Die Stufe der Gemütsbildung oder
die moralische Tüchtigkeit hängt ab von dem Mafse der
Wertungsenergie: es kommt moralisch darauf an, eine
möglichst grofse Mannigfaltigkeit von Begehrungsmöglichkeiten durch die psychische Funktion des
Wertens zu organisieren, d. h. möglichst einheitlich
zu verknüpfen.

Die Erscheinungen des sog. Konflikts der Motive
zeigen besonders deutlich, wie das Sittliche überall die Funktion
des Wertens voraussetzt und fordert. Dafs es solche Konflikte im Willensleben thatsächlich giebt, lehrt die tägliche
Erfahrung. Sie alle stimmen darin überein, dafs unter gleichen
Bedingungen zwei oder mehr Ziele erstrebt werden, die mit
einander irgendwie unverträglich sind. Sollen auch nur zwei
„Motive" in dieser Weise kollidieren, so mufs notwendig
mindestens das eine ein (relativ) konstantes sein, also das
Merkmal der Wertung an sich tragen. Rein aktuelle Begehrungen als solche können sich nicht widerstreiten; sie
können sich nur gegenseitig ablösen. Wie der logische
Zweifel und Widerspruch erst möglich ist, wo ein Urteil oder
Begriff bereits gegeben ist, so setzt jeder Widerstreit zwischen
Begehrungen zum mindesten eine Wertung voraus, d. h. einen
konstanten Zusammenhang, auf Grund dessen ein bestimmtes
Begehren beim Gegebensein eines bestimmten Thatbestandes
regelmäfsig (also auch unter teilweise verschiedenen Bedingungen)
auftritt.

Der einfachste Fall eines solchen Konflikts dürfte fol-
gender sein: es sind in einem Moment die auslösenden Be-

dingungen für ein durch eine Wertung gefordertes Begehren b
gegeben; gleichzeitig aber entsteht auf Grund des gegenwärtigen Gesamtbewußtseinszustands ein aktuelles Begehren b_1,
dessen Realisierung mit derjenigen von b unverträglich
ist. b_1 besteht vielleicht lediglich in einem Widerstreben
gegen die Realisierung von b. Eine augenblickliche Stimmung
oder Laune kann zur Unterlassung des auf ein Wertvolles
gerichteten Strebens — oder zu einer anderweitigen entgegen-
gesetzt gerichteten Begehrung führen. In dem Maße, in dem
diese widerstreitende Begehrung sich durchsetzt, und in dem
wir damit von dem gegenwärtig erstrebenswerten Ziele uns
entfernen, erleben wir ein eigentümliches Gefühl der Beunruhigung, der Unzufriedenheit mit uns selbst, das in besonders
ausgeprägten Fällen als Gefühl der Reue oder als Gewissens-
schmerz bezeichnet wird.

Damit dieses eigenartige Unlustgefühl in uns entstehe,
ist es keineswegs nötig, daß es bereits zu einer ausgeführten
Willenshandlung gekommen sei; es kann schon beim ersten
Auftauchen eines mit einer Wertung kollidierenden Wunsches
sich einstellen.

Hat dagegen ein Begehren, das seinerseits im Einklang
mit unseren Wertungen stand, nachträglich irgend welche un-
vorhergesehenen Folgen, die zu vermeiden — wenn wir
sie vorausgesehen hätten — uns wertvoll gewesen wäre, so
ist dieser Fall an sich nicht mehr als ein Konflikt der Motive
aufzufassen. Häufig genug erreichen wir durch unser Thun
etwas Anderes, als was wir wollen und werten; aber wir fühlen
uns (auf Grund unsrer Wertungen) nur für das verantwortlich,
was wir thatsächlich, positiv oder negativ, erstreben oder erstrebt
haben. Vielleicht machen wir es uns in einem solchen·Falle
zum Vorwurf, daß wir „unüberlegt" gehandelt haben, daß
wir nicht ernstlich genug bemüht gewesen sind, die begleiten-
den Umstände und Nebenerfolge unsres Thuns vorher zu übersehen. Das hängt davon ab, wie schwierig oder wie leicht

jene Voraussicht gewesen wäre, ob sie für uns überhaupt
möglich war, und vor allem: wieweit wir nach Mafsgabe
unsrer Wertungen zu derartigen Überlegungen uns verpflichtet
fühlen. Die schwierige Frage des Verhältnisses zwischen
Sittlichkeit und Erkenntnis, die weit in die angewandte Ethik
hineinführen würde, soll hier offen bleiben. Soviel aber ist
prinzipiell wichtig: dafs ein sittlicher Konflikt nur da gegeben
ist, wo ein thatsächlich vorhandenes Begehren (ein Streben
oder Widerstreben) mit einer oder mehreren thatsächlich vorhandenen Wertungen kollidiert.

Nicht zu verwechseln mit dem Gefühl der Gewissens-
beunruhigung ist das Unlustgefühl, das wir jedesmal dann erleben, wenn wir in unsrer Erwartung von dem Lusterfolg
eines Begehrens uns enttäuscht finden. Mit dem Erreichen
eines erstrebten Zieles können sich zahlreiche unvorhergesehene
Unannehmlichkeiten verbinden, diese Unannehmlichkeiten
können sogar so grofs sein, dafs ich zweifle, ob in einem
künftigen ähnlichen Falle meine Kraft ausreichen würde, sie
bewufstermafsen mit in Kauf zu nehmen: trotzdem kann ich
mit mir und meinem Willensentscheid vollkommen zufrieden
sein und mich verpflichtet fühlen, in gleicher Lage immer
wieder so und nicht anders mich zu entscheiden.

Umgekehrt kann der Lusterfolg eines Strebens unerwartet
grofs, er kann bis zur Wollust gesteigert sein: und doch
kann ich dabei das beunruhigende Gefühl des schlechten Ge-
wissens haben, das betreffende Begehren kann mir aufs Be-
stimmteste als ein nicht sein sollendes erscheinen.

Dieses Gefühl der Beunruhigung ist ja gewifs selbst als
ein Gefühl der Unlust zu bezeichnen, und das Gefühl der Übereinstimmung mit meinen Wertungen kann dem allgemeinen
Begriff der Lust oder Befriedigung untergeordnet werden.
Aber hier tritt eben die oben[1]) angedeutete Notwendigkeit zu

---

1) S. 48 ff.

Tage, innerhalb der Kategorien Lust - Unlust und neben ihrer quantitativen und qualitativen Bestimmtheit noch eine intensionale Mannigfaltigkeit der Gefühle zu unterscheiden: je nach dem Verhältnis ihres Objekts zu dem System unsrer Wertungen. Dieses Verhältnis kann auch ein solches der teilweisen Übereinstimmung oder des teilweisen Gegensatzes sein. Wenn man, was m. E. durch die Thatsachen gefordert wird, die Wertungen als den tiefsten Kern der Persönlichkeit betrachtet, so wird man auch die Gefühle dementsprechend zu unterscheiden haben; danach, ob sie, sozusagen, mehr im Centrum oder mehr an der Oberfläche der Gesamtpersönlichkeit ihre Wurzeln haben, — Unterschiede, die mit den gewöhnlich sogenannten Intensitätsunterschieden der Lust - Unlust, mit einem einfachen Mehr oder Weniger an Lust keineswegs zusammenfallen. Ebenso unterscheiden sich, schon für das unmittelbare Gefühl, unsre Strebungen nach ihrem harmonischen oder gegensätzlichen Verhältnis zu der Gesamtheit unsrer Werte und nach der Festigkeit und Vielseitigkeit dieser Wertbeziehungen.

Jemand mag z. B. für die Reize eines guten Mittagsmahles sehr empfänglich sein. Andrerseits erfreue er sich einer im einzelnen Falle vielleicht weniger vordringlichen, aber ungleich innigeren, persönlicheren Neigung zur Musik. Nun ist ihm an gewissen Tagen gerade um die Mittagszeit Gelegenheit geboten, eine vollendete musikalische Darbietung zu hören. Er muß aber, will er sie genießen, aus zwingenden Gründen seiner ganzen Zeiteinteilung an einem dem Konzerthause näher gelegenen Orte speisen und dort mit einer schlechteren Mahlzeit sich begnügen. Da kann es vorkommen, daß das Streben nach Befriedigung des Gaumens gelegentlich den Sieg davonträgt über die Sehnsucht nach dem musikalischen Genuß. Diese ist dann nach der hergebrachten Terminologie weniger intensiv gewesen als jenes. Aber jenes bleibt ein Oberflächenwollen im Vergleich zu dem in der Tiefe der wertenden Per-

sönlichkeit begründeten Streben nach dem ästhetischen Erlebnis; man hat in solchen Fällen das beschämende Gefühl,
„sich selbst untreu" geworden zu sein.

Wo Strebungen, die noch in keiner Weise als Wertungen
organisiert sind, mit einem Wertstreben in Konflikt geraten,
da fühlen wir uns innerlich genötigt, sie diesem unterzuordnen.
Aber diese Unterordnung kann auch eine derartige sein, dafs
das widerstreitende Begehren vielmehr in das System der
Werte, als ein bedingter Wert, sich einordnet. Es erscheint
dem naiven, durch asketische Moraltheorien nicht angekrän-
kelten Menschen jederzeit als eine Steigerung seines eigenen
Wertes, wenn es ihm gelingt, neue Werte gleichsam zu ent-
decken, sein Wertsystem dadurch zu bereichern, dafs chaotische,
bisher völlig ungeordnete Strebungen ihm derartig eingegliedert
werden, dafs sie (relativ) konstant mit den schon vorhandenen
Wertungen zusammenbestehen können.

Übrigens ist die Möglichkeit asketischer Lebensideale, die
psychologische Entstehung jener weitverbreiteten Ansicht, dafs
das Leiden etwas Auszeichnendes und an sich Wertvolles sei,
gerade geeignet, die theoretische Tragweite des von mir vertretenen Moralprinzips zu beweisen. Mag das Wertungsleben
etwa eines mittelalterlichen Säulenheiligen, vom Standpunkt
einer höher entwickelten Kultur betrachtet, noch so ärmlich
und erbärmlich erscheinen: was seiner Umgebung an ihm
imponierte und ihn zum Heiligen machte, das war wesentlich
doch die Energie, mit der er die wenigen Werte, die es
(wirklich oder auch nur scheinbar) für ihn gab, zu behaupten
trachtete. Dieser Zusammenhang wird noch deutlicher, wenn
man weniger extreme und weniger pathologische Erscheinungen
ins Auge fafst. Asketische Strömungen sind besonders stark
da hervorgetreten, wo eine kleine Schar von Gläubigen einer
neuen Religion ihr Heiligstes gegen eine Übermacht von Ver-
folgern zu verteidigen hatte. Da war die Weltflucht, die
Gleichgiltigkeit gegen die „Güter dieser Welt" wie gegen

ihre Leiden derjenige Habitus, mit dem man am ungestörtesten und rückhaltlosesten den eigenen, ohnedies weltfremden Idealen sich hingeben konnte.

Die Kraft, mit der ein Mensch zu leiden versteht, gestattet sehr häufig einen Rückschluſs auf die Charakterstärke, mit der er seine konstanten Begehrungen behauptet, seinen Wertungen die Treue bewahrt. Wer wenig konstante Willensziele hat, kann in seinem Wollen und Unterlassen sich leichter den wechselnden äuſseren Verhältnissen anpassen und so der Unlust besser aus dem Wege gehen, als einer, der viele Werte wollend anerkennt, für die er zu kämpfen und, wenn es sein muſs, zu dulden bereit ist. Je untrüglicher aber etwas als Kriterium für etwas Anderes, tiefer Liegendes dienen kann, und je mehr es seinerseits in die Augen fällt, umso leichter wird das Kriterium mit der Sache selbst, auf die es ankommt, verwechselt. So ist schlieſslich das Positive, wodurch das Leiden erst seinen moralischen Wert gewinnt, nämlich die Energie des Wertens, die sich häufig darin offenbart, — ganz zurückgetreten, und das Leiden gilt vielfach als etwas an sich selbst Wertvolles.

„Man muſs sich etwas versagen können“, dieser Satz wird ganz allgemein als ein sittliches Postulat empfunden. Er ist nur ein negativer Ausdruck für die bestimmtere Behauptung: man soll sittlicherweise seine Augenblickswünsche und widerstreitenden Begierden seinen Wertungen unterordnen.

Der Konflikt der Motive ist besonders ernst und schwierig da, wo Wertungen mit einander ganz oder teilweise kollidieren. Auch solche konstanten Willenszusammenhänge, die bei ihrer Entstehung völlig konfliktlos neben einander bestehen konnten, greifen oft mit der Zeit derart übereinander, daſs ein zunächst latenter Widerstreit zwischen ihnen plötzlich zu Tage tritt. Das kann einmal dadurch geschehen, daſs objektive Thatbestände, die dabei inbetracht kommen, sich (für unser Bewuſstsein) irgendwie verändern. Aber auch rein subjektiv hat jede Wertung, sozusagen, die „Tendenz", zu einer immer weniger bedingten sich auszuwachsen, auf Grund des allgemeinen psychologischen Gesetzes, dafs überall das Ähnliche für Ähnliches einzutreten pflegt. So sind wir auf theoretischem Gebiet immer geneigt, unsere Urteile so weit als möglich zu verallgemeinern.

Wie nun der logische Widerspruch nicht dadurch wirklich gelöst wird, dafs man einen der widersprechenden Faktoren einfach ignoriert, sondern nur so, dafs man von beiden soviel wie irgend möglich in einer höheren Einheit „begreift", so ist der Konflikt zwischen zwei Wertungen nur dadurch wahrhaft zu lösen, dafs man beide derart gegen einander abgrenzt, derart einander über- und unterordnet, dafs sie möglichst unverkürzt zusammen bestehen können. Wir können nicht eine der widerstreitenden Wertungen einfach aufgeben, wodurch ja der Konflikt sofort erledigt wäre: dafs es überhaupt ernste und tiefgefühlte Wertungskonflikte giebt, ist ein Beweis, wie sehr wir, bewufst und unbewufst, bestrebt sind, unsre Wertungen zu behaupten.

Das allgemeine menschliche Streben nach Erhaltung und Steigerung der Wertungsenergie tritt auch in einer anderen psychologischen Thatsache deutlich hervor, auf deren ethische und historische Bedeutung Jhering[1]) und Wundt[2]), meines Wissens zum ersten Mal, hingewiesen haben: ich meine die von Wundt sogenannte und psychologisch näher beschriebene „Heterogonie der Zwecke."

Wir erreichen durch unser Thun sehr häufig etwas von dem ursprünglich Gewollten Verschiedenes; und, wo wir

---

1) „Der Zweck im Recht" [14] — Jhering ist leider durch seine eudämonistische Grundanschauung und durch seine prinzipielle Vernachlässigung der Moralpsychologie (Bd. I, S. 121 ff.) verhindert, die als „Metamorphose der Zwecke" bezeichneten Thatsachen in ihrer ganzen ethisch-psychologischen Tragweite zu erkennen.

2) Vgl. Wundts Ethik [38], S. 265 ff., 440, 464; ferner „Logik" Bd. II 2 [37], S. 267 ff., besonders S. 281.

wirklich das Ziel unseres Strebens ganz oder teilweise erreichen, da stellen sich stets infolge unsres Thuns über das
eigentlich Erstrebte hinaus noch ungewollte Nebenerfolge ein.
Diese, psychologisch betrachtet, zufällige Thatsache erhält nun
dadurch eine für das psychische Leben ganz aufserordentliche
Bedeutung, dafs wir, soweit es irgend angeht, jene zunächst
ungewollten Folgen unsres Thuns in das System unsrer konstanten Zwecke oder Wertungen aufnehmen. Es handelt sich
hier um einen der mächtigsten Faktoren nicht nur der individuellen Entwickelung, sondern des allgemeinen Kulturfort-
schritts. Zahllose Beispiele aus dem Leben des Einzelnen, wie
aus der Geschichte der Völker liefsen sich für die umfassende
Wirksamkeit dieses Prinzips anführen. Sie beweisen, dafs wir
nicht nur an den einmal gewonnenen Werten so lange als
möglich festhalten, sondern: über die bereits vorhandenen
Wertungen und ihre inhaltliche Bestimmtheit hinaus, haben
wir ein tiefes und unausrottbares Bedürfnis nach Werten überhaupt, eine Tendenz, wie ich es ausdrückte, die funktionelle
Energie des Wertens zu erhalten und zu steigern.

Ist etwas längere Zeit hindurch als Wirkungswert
regelmäfsig erstrebt worden, also deshalb, weil es Mittel war
zur Erreichung eines anderen Wertvollen, und wird nun dieses
— der Eigenwert — aus irgend einem Grunde wertlos, so
verliert doch thatsächlich der Wirkungswert fast niemals völlig
seine Wertqualität. Er wächst sich meistens ohne Weiteres
zu einem Eigenwerte aus und tritt zugleich in neue feste Beziehungen zu anderen Werten. Ein Kind bequemt sich z. B.
zu regelmäfsigen Klavierübungen anfangs nur, um Vorwürfe
oder Bestrafung zu vermeiden. Allmählich aber wird jede
Strafandrohung überflüssig: das Kind wertet das Klavierspiel
um seiner selbst oder „um der Sache willen", etwa deshalb,
weil es inzwischen gewisse musikalische Werte gewonnen hat.

Was vor Zeiten einmal in lebendiger Wertbeziehung zu
uns gestanden hat, das bleibt oft lebenslang, und vielfach ohne

dafs wir es selbst wissen, unserm Herzen nahe. Ich denke
an das intime Verhältnis zu vielen Gegenständen unsrer täglichen Umgebung, die uns wertvoll bleiben, auch wenn sie
ihren früheren Gebrauchswert längst verloren und einen Tausch-
wert vielleicht nie besessen haben; ich erinnere an die pietät-
volle Sorgfalt, die wir gewissen Kleinigkeiten deshalb be-
wahren, weil ein Nachhall von vergessenen und scheinbar längst
begrabenen Werten für unser Fühlen noch darinnen lebt.

Es ist ferner bekannt, wie althergebrachte Sitten und
Gebräuche, die lange schon ihren ursprünglichen „Sinn" verloren haben, durch Generationen zähe festgehalten und all-
mählig oft in ganz neue Wertzusammenhänge eingeordnet
werden. Ein Zweifel an ihrem Werte erwacht erst im Falle
ihres Konflikts mit anderen Wertungen; und auch dann wird
ihre völlige Wertlosigkeit nur ungern und nur Schritt für
Schritt, — zunächst theoretisch und meistens erst viel später
praktisch — anerkannt.

Zwei Wertungen, die mit einander kollidieren, auf Grund
deren also unter gleichen Bedingungen Unvereinbares erstrebt
wird, müssen, wenn der Konflikt nicht gelöst wird, sich gegenseitig schwächen und schliefslich aufheben. Daher folgt unmittelbar aus dem unbedingten Werturteil die ethische Forderung, die vorhandenen und die neu entstehenden Werte immer
wieder systematisch gegen einander abzugrenzen und nach
Möglichkeit mit einander in Einklang zu bringen. Es ist
eine sittliche Notwendigkeit, dafs man im Sinne der Erhaltung
und Steigerung seiner Wertungsenergie ununterbrochen „an
sich", d. h. an seinen Wertungen arbeite.

Die Ordnung oder Harmonie im Wertungsleben, die har-
monische, mafsvolle Ausgeglichenheit des Charakters tritt als
ethisches Postulat schon sehr früh in der Geschichte der Philosophie auf, — meistens aber in einseitiger Verselbständigung.
Der unbedingte Wert des Wertens überhaupt wird dabei —
wie das mit obersten Prinzipien zu geschehen pflegt — meist

stillschweigend vorausgesetzt. Aber ohne diesen unbedingten
Wert wäre auch die Ordnung unter den Werten moralisch
wertlos. Sie ist sittlich wertvoll nur weil, und nur soweit
sie dem obersten Werte dient, d. h. die allgemeine Energie
des Wertens erhalten und steigern hilft. Wodurch wollte man
sonst die Forderung: „Kein Streit unter den Motiven!" theoretisch begründen? Etwa dadurch, dafs dieser Streit im Allgemeinen unangenehm ist? Damit wäre ethisch gar nichts
bewiesen.

Die Konfliktlosigkeit ist keineswegs das an sich Gute.
Nicht darauf kann es sittlicherweise ankommen, den Widerstreit unter den Werten um jeden Preis zu vermeiden. Dieses
Ideal würde zur Beschränkung auf ein möglichst kleines Wer-
tungsgebiet und zu einer geflissentlichen Herabsetzung der
Wertungskraft, — es würde zum Quietismus führen, der un-
gefähr den Gegenpol des sittlichen Ideals bezeichnen dürfte.
Wer engherzig auf einen kleinen Kreis nächstliegender Werte
sich beschränkt und jede Gefährdung dieses stabilen Gleich-
gewichts ängstlich vermeidet, der hat es leicht, „harmonisch"
für sich hinzuleben. Es giebt Unterschiede in der Fülle dieser
Harmonie. Reichere schwungvollere Naturen sind der Gefahr
des Motivenkonflikts mehr ausgesetzt, als solche, die arm sind
an Energie des Wertens. So kommt es, dafs die Schärfe einer
tiefgefühlten Wertungskollision uns oft gerade zum Kennzeichen einer sittlich hochstehenden Persönlichkeit wird; —
wie theoretische Zweifel und quälende Problemverschlingungen
nur dem intellektuell hoch entwickelten Menschen ernstlich
widerfahren.

Unser ästhetisches Vergnügen an tragischen Gegenständen,
auf dessen ethische Bedeutung Schiller so nachdrücklich hingewiesen hat, beweist sehr unzweideutig, wo die positiven,
ausschlaggebenden Faktoren des menschlichen Wertes zu
suchen sind. Das Tiefbedeutsame tragischer Konflikte beruht
auf der Kraft des Wertens, die gerade in ihnen sich offenbart.

Ein Mensch ohne jede Fähigkeit des konstanten Wollens könnte nun und nimmer den Helden einer Tragödie abgeben. Dafs die Konfliktlosigkeit als solche nicht das unbedingt Wertvolle ist, wird schon dadurch klar, dafs wir uns und anderen aus solchen Handlungen oder blofsen Unterlassungen einen moralischen Vorwurf machen, die auf das Fehlen einer Wertung oder eines ganzen Komplexes von Wertungen schliefsen lassen, — mögen die vorhandenen Werte unter einander noch so konfliktlos sein.

Goethe, der unvergleichliche Menschenkenner, sagt gelegentlich:

> „Die Jugend ist vergessen
> Aus geteilten Interessen;
> Das Alter ist vergessen
> Aus Mangel an Interessen."

Und er spricht sich oft genug dahin aus, dafs der Reichtum an Interessen, selbst dann, wenn sie teilweise noch ungeordnet sind, etwas Edleres und Wertvolleres sei, als jene im Grunde irreparable Greisenhaftigkeit, die hier als „Mangel an Interessen" bezeichnet wird, und der man freilich auf allen Altersstufen begegnen kann.

Das ethische Postulat der Ordnung oder Harmonie im Wertungsleben folgt erst sekundär aus dem obersten Moralprinzip, wie der logische Satz des Widerspruchs nur eine Konsequenz der allgemeinen Gesetzmäfsigkeit des Denkens bezeichnet.

Die Einheit der menschlichen Persönlichkeit bringt es mit sich, dafs unsre Begehrungen nicht isoliert und beziehungslos neben einander entstehen und vergehen, dafs Wertungen auf die Dauer nur in systematischer Ordnung für uns bestehen können. Es drängt sich hier von selbst das Bild eines Organismus auf, bei dem jeder Vorgang mit jedem anderen in Wechselbeziehung steht. Die Energie des Wertens kann nachhaltig nur im Sinne eines organischen Wachstums sich steigern.

Abgesehen von dem unbedingten Werte des Wertens, als welcher mit allen überhaupt denkbaren Wertungen positiv verträglich ist, giebt es keinen Wert, der über die Möglichkeit eines Konflikts mit anderen Werten an sich erhaben wäre. Jede einzelne Wertung kann durch neue Erfahrungen und deren Nachwirkungen in der wollenden Persönlichkeit möglicherweise korrigiert werden.

Je reicher der Organismus eines Wertsystems entwickelt und differenziert ist, umso zahlreicher sind offenbar die Möglichkeiten des Motivenkonflikts. Aber andrerseits ist mit jeder wirklichen Lösung eines Konflikts zugleich eine Bereicherung und Vertiefung des Wertungslebens gewonnen, und dieser Gewinn ist umso gröfser, je restloser die Lösung des Konflikts gelang. Die neu vollzogene Uber- und Unterordnung der widerstreitenden Faktoren, ihre Abgrenzung gegen einander, wird selbst zu einem Werte; neue Begehrungsmöglichkeiten der verschiedensten Art werden gerade durch den Konflikt hervorgetrieben und können dem Wertsystem eingegliedert werden. Sehr häufig werden zwei kollidierende Zwecke dadurch mit einander versöhnt, dafs sie als Mittel zu einem darüber hinausliegenden „höheren" Zwecke erfafst und durch diese Beziehung in ihrem eigenen Wertcharakter gefestigt und näher bestimmt werden. Aber die Relation zwischen Mittel und Zweck ist keineswegs die einzige, die hier möglich ist. Es giebt zahllose Beziehungsformen der Werte zu einander, von der einfachsten, etwa zeitlichen Ordnung der Bedingungen für verschiedene konstante Begehrungen („Zeiteinteilung") bis zu den vielverzweigten Wechselbeziehungen ganzer Wertkomplexe, wie sie aus dem Zusammenleben der Menschen in verschiedenartigen, einander kreuzenden Interessengemeinschaften erwachsen. Deshalb ist der Begriff des unbedingt Wertvollen durchaus nicht identisch mit dem des „Endzwecks" oder „höchsten Gutes". Das Leben läfst sich, auch theoretisch, nicht in eine dünne Linie von durchgängig

einander über- und untergeordneten Zwecken und Mitteln
auseinanderziehen, derart, dafs einem einzigen Endzweck
oder höchsten Gute schliefslich alles Andere als Mittel zu
dienen hätte.[1])
Mit dieser Fiktion eines einzelnen sittlichen Endzwecks
hängt die weitverbreitete Meinung zusammen, als ob bei
gutem Willen jeder sittliche Konflikt sich in voll befriedigender
Weise lösen liefse. Die für solche Fälle zuweilen angestellten
kasuistischen Versuche sind schon an sich meistens recht
dürftig und willkürlich. Das Leben aber ist immer reicher
und vielgestaltiger als die Theorie. Es kann ganz gewifs
Wertungskollisionen ergeben, denen auch ein edler sittlicher
Takt nicht vollständig gewachsen ist, — während sittlich
tieferstehende Naturen, könnten sie überhaupt in die gleiche
Lage kommen, vielleicht sehr rasch damit fertig würden. Ich
erinnere hier wiederum an die ästhetische Wirkung der
Tragödie. Aber auch das gewöhnliche Leben ist reich genug
an jener Tragik, die uns beweist, dafs jemand vom ernstesten
sittlichen Streben erfüllt sein, und doch, ja gerade deshalb
dem Schicksal unterliegen kann, „das Herz nicht ganz" zu-
rückzubringen „aus dem Streit der Pflichten".
Die ethische Theorie wird niemals den individuellen sittlichen Takt ersetzen können. Es ist gar nicht ihre Aufgabe,
zu entscheiden, was man im einzelnen, bestimmten Falle thun
solle. Die wissenschaftliche Ethik soll das sittliche Leben

---

1) Kant unterscheidet leider nirgends deutlich zwischen „Endzweck"
und „absolut Wertvollem". Zuweilen, z. B. Grundlegung [17], S. 71,
gebraucht er auch den Terminus „höchstes Gut" in der Bedeutung des
unbedingt Wertvollen; in der Regel freilich bezeichnet er damit etwas
ganz Anderes, nämlich etwas Metaphysisches.
Die Polemik Schopenhauers [30], (S. 548) gegen den Begriff des
unbedingten oder absoluten Wertes beruht im Wesentlichen darauf, dafs
er unter diesem Ausdruck dasselbe versteht, was man gewöhnlich als
„höchstes Gut" bezeichnet. Nur zu diesem, empirisch unzulässigen
Begriffe sind die von ihm angeführten Unbegriffe der „höchsten Zahl"
oder des „gröfsten Raumes" in Analogie zu setzen.

nicht meistern wollen, sondern einfach zu begreifen suchen. Für sie gilt es, theoretisch soweit als möglich in das Wesen der Moralität einzudringen; sie sucht ein unbedingt giltiges Prinzip für die moralische Beurteilung der menschlichen Persönlichkeit. Dieses unbedingte Werturteil muſs naturgemäſs ein oberstes sittliches Ideal enthalten. Aber soviel kann schon a priori nicht zweifelhaft sein, und die Ergebnisse der vorliegenden Untersuchung drängen von Neuem zur Anerkennung dieser Thatsache —: es giebt zahllose Möglichkeiten des Fortschritts in der Richtung des sittlichen Ideals. Konkreter ausgedrückt: zwei Menschen können im einzelnen ziemlich verschiedenartige Wertungen besitzen und doch moralisch auf der gleichen Stufe stehen, weil ihr Willensleben in gleich hohem oder gleich geringem Grade durch die Funktion des Wertens gestaltet ist, weil sie (im Sinne des oben Gesagten) einer gleich groſsen Energie des Wertens sich erfreuen. Im einzelnen Falle, wo es sich um die Beurteilung eines bestimmten Menschen handelt, wird es immer nur teilweise gelingen, das moralisch wirklich Ausschlaggebende rein herauszuanalysieren. Alle Menschenkenntnis ist ja fragmentarisch. Vor allem aber ist kein Beurteiler imstande, von dem Inhalt seiner eigenen Wertungen derart zu abstrahieren, daſs er, auch nur bei sich selbst, das Funktionelle, die psychische Form des Wertens, rein für sich beachtete, daſs er im bestimmten Falle die Energie des Wertens voll und allein in Anschlag brächte. Die zunehmende Differenzierung und Komplizierung aller Lebensverhältnisse macht es immer schwieriger, den einzelnen Menschen moralisch gerecht zu beurteilen. Dadurch wird zugleich die Besinnung auf das, was ethisch wirklich unbedingt und daher allgemein giltig ist, immer notwendiger.

Das ethische Ideal, das aus den vorstehenden Überlegungen sich ergiebt, besteht darin, daſs man in möglichst hohem Maſse ein wertender Mensch sei. Die sittliche Auf-

gabe ist: eine immer gröfsere Mannigfaltigkeit von
Begehrungsmöglichkeiten immer einheitlicher wer-
tend zu verknüpfen. Es kann und mufs in der Ethik von
einem absolut Wertvollen an der menschlichen Persönlichkeit
geredet werden; (als solches hat sich mir die Funktion des
Wertens ergeben). Aber gerade deshalb hat es keinen Sinn,
von einem sittlich vollkommenen Menschen oder von absoluter
Moralität zu reden. Die sittliche Aufgabe ist notwendig
eine nie ganz zu vollendende. Die Möglichkeit und ethische
Notwendigkeit des sittlichen Fortschritts ist naturgemäfs,
schon wegen der unbegrenzten Mannigfaltigkeit möglicher
Begehrungen, unbegrenzt.

Das gerade ist das Charakteristische der sittlichen Entwickelung, dafs sie einen unbegrenzten Fortschritt zuläfst
und fordert. Alle übrigen Werte sind als Werte nur in
begrenztem Mafse steigerungsfähig; auch persönliche wertvolle Qualitäten, die, wie die Intelligenz, nicht völlig mit der
Sittlichkeit zusammenfallen, erreichen, wenn wir sie für sich
allein gesteigert denken, früher oder später eine Stufe der
Entwickelung, von der ab jeder weitere einseitige Fortschritt
in der betreffenden Richtung aufhört, wertvoll zu sein: nur
das sittlich Wertvolle kann seiner Natur nach niemals
einen „Grenznutzen" erreichen. — Auch durch diese Überlegung gelangt man, soviel ich sehe, notwendig zu der im
Vorstehenden dargelegten inhaltlichen Bestimmung des absoluten Wertbegriffs.

Die Brauchbarkeit des so gewonnenen Prinzips der moralischen Beurteilung läfst sich am besten dadurch prüfen, dafs
man es mit solchen Urteilen des moralischen Bewufstseins
zusammenhält, die besonders regelmäfsig und unbedenklich
gefällt zu werden pflegen. Es ergaben sich mir auf diese
Weise mannigfache Bestätigungen des oben entwickelten
Grundgedankens. Auch solche moralischen Einzelurteile, die
auf den ersten Blick wenig mit einander gemein zu haben

scheinen, lassen sich relativ einfach auf das angegebene absolute Werturteil zurückführen und werden dadurch in einer Weise näher bestimmt und eingeschränkt, die ihrerseits wiederum in den meisten Fällen auf tief eingewurzelte sittliche Überzeugungen hinweist. Aber es ist unmöglich, das umfangreiche Material, das sich aus diesen Anwendungen des Prinzips ergab, im Rahmen der vorliegenden Arbeit noch zu verwerten. — Dieser Verzicht dürfte deshalb kaum als ein Mangel empfunden werden, weil einzelne moralische Urteile durch die allerverschiedensten Theorien eine Rechtfertigung finden können und gefunden haben, sodafs die Berufung auf einzelne ausgewählte Fälle seiner Anwendung für den wissenschaftlichen Wert eines Moralprinzips nicht viel beweist.

Zum Schlusse wende ich mich noch kurz zu einer interessanten neueren Moraltheorie, deren Grundgedanke dem meinigen einigermafsen verwandt ist; ich meine die Ethik Schuppes, die ich im Allgemeinen, trotz mancher Abweichungen, als eine Bestätigung des durch die vorstehenden Überlegungen gewonnenen prinzipiellen Standpunkts auffassen zu dürfen glaube.

Anhang zu Kapitel IV:

Schuppes Theorie des absolut Wertvollen.

Schuppe[1]) befolgt durchgängig die m. E. allein fruchtbare Methode, wonach wir „das Fundament der Ethik nur in dem Wesen des Bewufstseins selbst suchen" können.[2]) Auch er sucht als Prinzip der Ethik eine absolute oder „unvermeidliche" Wertschätzung. Und er gelangt zu dem Resultat:

1) Grundzüge der Ethik und Rechtsphilosophie [39].
2) a. a. O., S. 181.

Das absolut Wertvolle sei das Bewußtsein oder die be-
wußte Existenz (S. 108). Das Prinzip scheint mir in dieser Form zu allgemein
und deshalb zum Kriterium des moralischen Wertes nicht
brauchbar zu sein. Aber es ist charakteristisch, wie Schuppe
selbst dazu gedrängt wird, es im Sinne der oben vertretenen
Anschauung einzuschränken. Er beruft sich zur Begründung
seines Standpunkts im Wesentlichen nur auf den mächtigen
Instinkt, den man als Selbsterhaltungstrieb zu bezeichnen
pflegt. Aber er macht sich selbst den Einwand, daß das
Leben unter Umständen seinen Wert verlieren kann, daß es,
kurz gesagt, — auch unter geistig gesunden Menschen —
Selbstmorde giebt. Vielleicht hat Schuppe auch daran gedacht, daß es sicherlich nicht immer die moralisch wert-
vollsten Menschen sind, die besonders am Leben hängen, und
daß mancher aus recht edlen Motiven freiwillig in den Tod
geht. Hier vollzieht er nun die charakteristische Einschränkung seines Grundgedankens: „Wo wirklich keinerlei Wert
mehr gefühlt wird, kann auch von Ethik" (ich füge hinzu:
von Moralität) keine Rede mehr sein".[1] An einer anderen
Stelle heißt es: „Solange noch eine Spur von Streben und
Hoffen vorhanden ist, solange ist ... die Geringschätzung des
Lebens logisch unmöglich". „Wenn auch die Sehnsucht aufhört, .. ist das Leben wertlos. Sehen wir von diesem
Falle ab", so ist es nicht möglich, „das eigene Leben"
„prinzipiell zu verachten".

---

1) S. 113. 114; ähnlich auch S. 110: „Wer wirklich gar keine Lebens-
lust und keinen Lebensmut mehr hat und nichts mehr, was das Leben
ihm zu bieten vermag, hochschätzt, dem läßt sich's nicht aufdispu-
tieren ... Ist .. Widerwille am Leben vorhanden, so ist, wenn nicht
schon eine Ethik" (Moralität?) „vorausgesetzt wird, der Selbstmord die
unvermeidliche Konsequenz. Von jenem Falle sehen wir nun ab und
machen nur die Voraussetzung, daß eine Wertschätzung stattfindet und noch irgend etwas im Leben als gut und wertvoll
zugestanden wird. Dann (!) ist die Nichtachtung der eigenen Existenz logisch eine absolute Unmöglichkeit".

Was berechtigt uns denn zu der Annahme, dafs normalerweise immer „noch eine Spur von Streben und Hoffen vorhanden ist"? — Die aktuellen Begehrungen können ja zeit-
weise fehlen. — Es ist allein die Thatsache des relativ konstanten Begehrens oder des Wertens, auf die eben in der
Ethik alles ankommt.

Schuppe scheint anzunehmen, dafs alle Selbstmorde in
einer an „Blödsinn" grenzenden „Stumpfheit und Gleichgültig-
keit" geschähen. Thatsächlich beweist fast jeder freiwillige
Tod eines geistig Gesunden, dafs auch dann, wenn man noch
eine ganze Anzahl von Werten anerkennt, die „Nichtachtung
der eigenen Existenz" keineswegs eine „absolute Unmöglichkeit" ist. Ja, mancher bejaht seine eigenen Werte eben dadurch am energischsten, dafs er seinem Leben ein Ende macht:
er wäre vielleicht sonst gezwungen gewesen, seinen Wertungen
untreu zu werden. Solcher Art sind alle tragischen Fälle
des Selbstmords. Bei der moralischen Beurteilung von Selbst-
morden, für die aus Schuppes Prinzip nur ein einförmiges
Verdammungsurteil sich ergeben könnte, unterscheidet man
schon im gewöhnlichen Leben ziemlich scharf, ob die That
auf einen Bankerott des Wertungslebens und daher auf schwere
sittliche Mängel schliefsen läfst, oder ob sie der tragische
Abschlufs eines unlösbaren (oder in ehrlicher Überzeugung
für unlösbar gehaltenen) Wertungskonfliktes ist.

Dafs ein Wesen, dem die Fähigkeit des Wertens überhaupt mangelte, auch der moralischen Beurteilung nicht
unterstände, diese Einsicht, die auch Schuppe gelegentlich
anerkennt,[1]) führt unmittelbar zu der weiteren, dafs sein

---

1) Allerdings unterscheidet er nicht deutlich genug zwischen Wertungen und Lustgefühlen. — Natürlich würde es ohne aktuelle Gefühls-
erlebnisse auch keine Wertungen geben. Aber Moralität und moralische
Beurteilung setzen unbedingt die Thatsache des Wertens voraus. Das
Vorhandensein von blofs momentanen Gefühlen und Strebungen könnte
an sich niemals sittliche Qualitäten erzeugen.

Prinzip (vom absoluten Werte des bewufsten Lebens überhaupt) zu weit ist, dafs der absolute Wertbegriff auf die
psychische Funktion des Wertens, auf das durch Werte
gesteigerte psychische Leben einzuschränken ist. — Das
Fehlen jeder Wertschätzung des eigenen Lebens, „auch wenn
das theoretische Urteil über die Dinge der Aufsenwelt noch
ungetrübt ist", scheidet Schuppe einfach als „Anomalie" von
der Betrachtung aus.[1]) Dabei verhehlt er sich keineswegs
die Schwierigkeit, die daraus seinem Prinzip erwächst. Aber
er meint, „dafs die Regel, deren Allgemeingültigkeit freilich
durchbrochen zu sein scheint, trotzdem unentbehrlich" sei,
„dafs also die Schwierigkeit des Widerspruchs dadurch gar
nicht gehoben wird, dafs man jene Regel fallen läfst". —
Mit dem Letzteren hat er gewifs recht; aber man wird eben
die „Regel" entsprechend modifizieren müssen.[2])

Schuppe weist gelegentlich auf die wertvolle Analogie
zwischen Ethik und Logik hin: „Als Norm des Denkens fanden
wir .. das Wesen des Denkens selbst, und abnorm war dasjenige Denken, welches den Widerspruch stiftet und somit
Denken und Bewufstsein aufhebt".[3]) Das ist zweifellos richtig
(bis auf die am Schlufs hervortretende Ansicht, dafs das ab-
norme Denken auch das Bewufstsein überhaupt aufhebe). Und
wir haben nur den analogen Gedanken hinsichtlich des Wertungslebens zu vollziehen, — wobei nicht zu vergessen ist,
was Schuppe zuweilen selbst zugiebt: dafs auch das Fehlen

---

1) S. 118, 119.
2) Ein anderes Mal (S. 127) heifst es, angesichts derselben Schwierigkeit: „Mag tausendmal die Erfahrung widersprechen, die Voraussetzung, von der ich ausgegangen bin, war doch auch aus der Erfahrung
entnommen, und die Gründe, welche ich dafür angeführt habe, sind
unwiderlegt; also folgt weiter nichts, als dafs der Widerspruch da ist,
und dafs er ein Problem ist. Wer wird denn, wenn seine Rechnung
nicht stimmt, am Einmaleins zweifeln?" — Sicherlich niemand; aber an
der Rechnung, d. h. an der Beweiskraft der Gründe mufs gezweifelt
werden. 3) S. 120.

jeder Wertschätzung das Bewufstsein nicht notwendig aufhebt. Dann kann die oberste Norm des Wertens (um die
es sich in aller Moralphilosophie handelt) nicht die Wertschätzung des Bewufstseins überhaupt sein. Als Norm des
Wertens erkennen wir vielmehr das Wesen des Wertens
selbst. Und auch von einem „Widerspruch" der Wertungen
kann in analoger Weise gesprochen werden.[1])

Wenn man in dem absoluten Werturteil, das als Prinzip
der moralischen Beurteilung aufgestellt wird, zu dem Begriff
des „bewufsten Lebens" nicht noch eine charakterisierende Bestimmung hinzufügt, so bleibt notwendig das Prinzip völlig
unfruchtbar. Bewufstsein oder bewufstes Leben als solches
kann nur entweder existieren oder nicht existieren. In der
Ethik aber handelt es sich gerade um die wissenschaftliche
Erfassung gewisser charakteristischer Eigenschaften zur Unterscheidung der (verschiedenartigen) psychischen Individuali-
täten. Schuppe sieht sich daher zu der Einführung von „Klar-
heitsgraden" des Bewufstseins, zu der Annahme verschieden hoher „Bewufstseinsstufen" genötigt[2]), die jedoch auf
Grund seiner, ausführlichen und vielseitigen, Darlegungen nicht
in völlig eindeutiger Weise zu unterscheiden sind. Im Allgemeinen scheint er dabei an die intellektuelle Klarheit,
an die Erkenntnishöhe der verschiedenen Individuen zu denken,
und seine Ausführungen bewegen sich daher z. T. in einseitig
intellektualistischer Richtung (als ob der moralische Wert
eines Menschen direkt nach der Energie und Klarheit seines
Denkens zu bemessen sei.[3])

---

1) cf. das oben über den Wertungskonflikt Gesagte. — Schuppe weist
auch darauf hin, dafs im Gebiete des Erkennens die Erweiterung oder
Bereicherung und andrerseits die „Durchdringung" oder Systematisierung
auf einander angewiesen sind, „dafs beide eigentlich dieselbe Wurzel
und dasselbe Ziel haben" (a. a. O., S. 155). Die ethische Analogie hierzu
wurde oben hervorgehoben.   2) S. 147—158 und passim.
3) Schuppes Ethik erinnert vielfach an die des Spinoza. Auch
Spinoza erhebt die Selbstbehauptung zur obersten Pflicht; und auch

Freilich schränkt er selbst diesen Gedanken häufig in einer Weise ein, die auf das wirkliche Kriterium des moralischen Wertes hinzuführen geeignet ist. Er betont mehr den Zusammenhang des Wissens, als die einzelne Erkenntnis; er wertet, mit Berufung auf Fichte, positiv nur die „echte" Erkenntnis, die „ein Bestandteil unser selbst" wird, — die „vollendete Einsicht", die „mit der ganzen Kraft tiefgefühlter lebendigster Überzeugung" wirkt[1]. Er unterscheidet verschieden wichtige Erkenntnisse; und die wichtigsten sind ihm die, „welche am meisten im stande sind, in dem Gewußten Ordnung und Einheit herzustellen", und die uns einer einheitlichen Weltauffassung näher bringen. Nicht intellektuelle „Routine" oder das „Virtuosentum" des wissenschaftlichen „Spezialisten" ist sein ethisches Ideal, sondern „der Zusammenhang und die Einheit des ganzen Bewußtseinsinhalts[2].

Der Begriff der Erkenntnis wird von Schuppe in ungewöhnlicher Weise erweitert. „Das Denken oder Erkennen" ist für ihn „das Wesen des Bewußtseins"[3]. Selbst das ästhetische Genießen eines Kunstwerks wird als ein Akt der Erkenntnis bezeichnet. Ferner macht Schuppe geltend, daß „die Lust am Denken sich auch in der Bewährung dieses Denkens im Handeln, dem zweckvollen Handeln äußern kann, indem der erreichte Zweck den Sieg des Gedankens bezeichnet". In ähnlichem Sinne spricht er gelegentlich von „widerstandsfähigen Vorstellungen", die „oft erst nach langem Kampfe" über die „heiße Begierde den Sieg gewinnen."[4] Bei alledem handelt es sich eben nicht um bloße Vorstellungen, Gedanken,

---

bei ihm nimmt dieses ethische Postulat schließlich eine stark intellektualistische Färbung an. Auch ihm ist im Grunde nur das erkennende „Selbst", das Subjekt einer umfassenden (philosophischen) Einsicht, absolut wertvoll.

1) S. 156. 178.
2) S. 162—166; cf. 208: „Das einzig Wertvolle, d. i. möglichst klares, erweitertes und vertieftes Bewußtsein".
3) S. 203.   4) S. 177—179.

Einsichten als solche, die ethisch solange völlig irrelevant sind, als sie ohne bestimmenden Einflufs auf das Wertungsleben gedacht werden. Es ist implicite thatsächlich überall von Wertungen, im oben entwickelten Sinne, die Rede, oder von Erkenntnissen, die, und soweit sie, der Bereicherung und Harmonisierung des Wertungslebens dienen[1].

Bedenklicher, vom empirischen Standpunkte aus, ist eine andere Gedankenreihe, die bei Schuppe eine grofse Rolle spielt und ebenfalls das ursprüngliche Prinzip in gewisser Weise modifiziert. Von dem in der Erfahrung gegebenen Bewufstsein geht er aus und weist zunächst auf die Liebe jedes einzelnen zu seinem eigenen bewufsten Leben hin. Aber in dieser „fundamentalen" Wertschätzung soll schon die Liebe zu allem Bewufstsein überhaupt unvermeidlich enthalten sein. Schuppe beruft sich auf den aus seiner „Erkenntnistheoretischen Logik" bekannten Begriff des „Bewufstseins überhaupt", und führt so auf einem Seitenwege die altruistischen Werte in sein System ein. Der „absolute Einheitspunkt des Ich" wird als ein „Moment des Gattungsbegriffs" bezeichnet; die individuellen psychischen Persönlichkeiten sollen nur „Konkretionen" eines All-Ich sein, in welchem Schuppe das „eigentliche Selbst" erblickt[2]. So erklärt es sich, dafs die Ethik Schuppes schliefslich auf den absoluten Altruismus hinausläuft, dafs er Sittlichkeit im Grunde mit „Selbstlosigkeit" identifiziert. Mit Verwendung des alten unklaren Gegensatzes zwischen „Nächsten-

---

1) Gerade diese Einschränkungen und Zusätze, deren das Schuppesche Prinzip notwendig bedarf, sind mir eine nachträgliche Bestätigung der Resultate, zu denen ich selbst auf anderem Wege gelangt bin.

2) S. 135: 140 ff. 209 ff. — Wie wenig durch die Berufung auf eine metaphysische Wesenseinheit aller einzelnen für die wissenschaftliche Begründung des sog. Altruismus geleistet wird, wie dadurch der Gegensatz zwischen egoistischen und sympathischen Interessen erst recht verwischt wird, darauf habe ich in dem S. 23 citierten Aufsatz mit Rücksicht auf die (verwandte) metaphysische Lehre Schopenhauers hingewiesen [22], S. 796.

liebe" und „eigenen Wünschen" gelangt er schliefslich zu dem
Ideal der „absoluten Selbstlosigkeit" und erblickt das natur-
gemäfse Ziel der moralischen Entwickelung darin, dafs man
„auf sein individuelles räumlich-zeitlich bestimmtes Selbst
gänzlich vergessen" lerne[1]).

Dem gegenüber meine ich nun ganz entschieden daran
festhalten zu müssen, dafs der moralische Wert eines Menschen
nur nach dem ungeteilten System seiner eigenen individuellen Werte beurteilt werden kann, und dafs die sog. sympathischen oder altruistischen Interessen nur als organische
Glieder dieses Systems moralisch einen (wenn auch noch so
hohen) relativen Wert besitzen. Die fremden Persönlichkeiten sind, ethisch betrachtet, für mich nur vorhanden, weil
und soweit ich in thatsächlicher Wertbeziehung zu ihnen stehe.
Der moralische Wert einzelner Wertungen, also auch der sympathischen, ist immer nur relativ; und er bemifst sich lediglich nach der Bedeutung, die sie für das individuelle Wertungsleben besitzen, nach dem Mafse der Wertungsenergie,
die in ihnen sich offenbart.

Es ist keineswegs gleichgiltig, womit ich bei anderen
sympathisiere. Die Liebe zu dem „möglichst vollkommenen"
und die zu dem möglichst „glücksvollen Leben anderer" wird
bei Schuppe nicht hinreichend auseinander gehalten[2]). Die
beiden Wertkomplexe, die damit bezeichnet werden, fallen
keineswegs völlig zusammen; sie können auch teilweise mit
einander in Widerstreit geraten, und dann ist sittlicherweise
zweifellos der erste dem zweiten überzuordnen. Der Mafsstab
für diese Unterscheidung, das unbedingt giltige Prinzip für
die moralische Über- und Unterordnung aller Werte überhaupt,
kann kein anderes sein, als das autonome Gesetz des Wertens,
d. h. das absolut giltige Werturteil, das die Wertungsfunktion
selbst zum Gegenstande hat[3]).

---

1) a. a. O., S. 254—266.   2) S. 130.
3) In diesem Sinne bemerkt Schuppe gelegentlich (S. 130/1): „Der

Von diesem Standpunkt aus darf keine einzelne Wertung als absolut wertlos bezeichnet werden; keine ist an sich moralisch unterwertig. (Schuppe spricht im Zusammenhang mit seiner Forderung einer absoluten Selbstlosigkeit von „Wertmessern", die „aus sich selbst total unberechtigt" seien, und versteht darunter besonders den sog. „Egoismus der Sinnlichkeit")[1]. Fingieren wir den Fall, dafs zwei Individuen, A und B, genau die gleiche Höhe des Wertungslebens, — die gleiche Mannigfaltigkeit systematisch geordneter Werte, — besäfsen, bis auf eine einzige, gar nicht besonders tiefgreifende und umfassende Wertung, die A vor B voraushabe, so würde A sicherlich eine moralisch wertvollere Persönlichkeit sein, auch wenn dieses Plus in einer „sinnlichen" Wertung bestände.

Aber wie man auch über die ethischen Konsequenzen urteilen mag, die Schuppe aus seiner Theorie von der „Realität des abstrakt Allgemeinen" zieht, diese Theorie selbst ist erkenntnistheoretisch unhaltbar. Sein Begriff eines realiter existierenden All-Ich ist weder durch Erfahrung gewonnen, noch auf erfahrbare Thatsachen anwendbar. Die einzelnen psychischen Persönlichkeiten, (die uns empirisch allein gegeben sind), denkt sich Schuppe aus „dem Bewufstsein überhaupt erst konkreszierend." In ihm, als dem „eigentlichen Selbst" soll jedes individuelle Bewufstsein „begründet" sein, und zwar: „gerade, soweit es normal ist."[2])

Einzelne mit der unergründlichen Tiefe seines persönlichen Wesens gilt als das Wertvollste, was es giebt, der Träger alles Wertes" (— eben weil und insoweit er Träger von Wertungen ist). — cf. dazu S. 153: „Den Umkreis des vorhandenen Wahrnehmbaren und Wifsbaren" (— gerade, wie ich hinzufügen möchte: insofern es ein Wertbares ist) „beurteilen wir mit Fug und Recht für alle bewufsten Wesen von dem höchsten Standpunkte aus, welchen wir denken können, und bemessen daraus die Grade der Vollkommenheit und Klarheit" (insbesondere die Wertungskraft!) „der einzelnen Bewufstseine".

1) S. 255/6. — Vgl. hierzu Lipps, Grundth. d. Seelenl. [24], S. 615—618; 679; sowie in dessen Kritik der Wundtischen Ethik [25], S. 234.
2) S. 210.

Aber ein ethischer Idealbegriff wird dadurch nicht ein-
leuchtender oder wissenschaftlich brauchbarer, dafs man ihm
eine transempirische Realität verleiht. Das ist die alte Plato-
nische Tendenz, die Erzeugnisse einer weitgehenden Abstrak-
tion und insbesondere die sittlichen Normen, deren Begründung auf empirischem Wege nicht völlig gelungen ist, dadurch
allen kritischen Anfechtungen scheinbar zu entziehen, dafs
man sie als Ideen von metaphysischer Realität hypostasiert.

Diese Tendenz beherrscht teilweise auch die Kantische
Ethik. Aber bei ihm, wie bei Schuppe, bleibt noch ein über-
aus wertvoller, empirisch haltbarer Kern zurück, wenn man
aus seiner Moraltheorie alle transempirischen Begriffe ausscheidet; ja, dadurch allein kann der wissenschaftliche Gehalt
des Kantischen Systems deutlich herausgestellt werden. Seine
Lehre vom intelligiblen Charakter und von der transzendentalen Freiheit wird einer rückhaltlosen Kritik zu unterziehen
sein, und alles, was daran eine empirisch-psychologische Deu-
tung nicht zuläfst, mufs fallen gelassen werden. Ebenso wird
der logische Formalismus, der in Kants Moralphilosophie einen
so breiten Raum einnimmt, vom psychologischen Standpunkt
aus nicht zu rechtfertigen sein.

Der unverlierbare Wert der Ethik Kants scheint mir zunächst in der ursprünglichen Fragestellung zu bestehen, —
mit der er über alle seine Vorgänger weit hinausging —, und
dann in der zweiten Formulierung des kategorischen Imperativs, in der keineswegs ein blofs formales, sondern ein mate-
riales Moralprinzip, ja implicite: das Prinzip der moralischen
Beurteilung enthalten ist. In den beiden ersten Kapiteln dieser
Abhandlung sind die Gründe kritisch beleuchtet worden, warum
Kant die empirisch-psychologische Methode zur Grundlegung
der Ethik verwarf. Diesem methodologischen Standpunkt zum

Trotz sind die wichtigsten Ergebnisse seiner Ethik auf psychologischem Wege gewonnen worden. Hätte er die psycho-
gische Analyse für die Thatsachen der Moral rein durch-
geführt, dann hätte der fundamentale Begriff der praktischen
Vernünftigkeit oder des „vernünftigen Willens" eine genauere
empirische Bestimmung erhalten, und damit wäre das Grundproblem der Ethik, nämlich das des absoluten Wertes, seiner
Lösung erheblich näher gebracht worden.

Zuweilen nähert sich Kant in unverkennbarer Weise dem
obersten Prinzip, zu dem, wie ich nachzuweisen suchte, die
psychologische Moraltheorie gelangen mufs. So z. B. in einem
wenig beachteten Abschnitt der Kritik der Urteilskraft, wo
„von dem letzten Zwecke der Natur als eines teleologischen
Systems" die Rede ist.[1]) Es könne, so heifst es an dieser
Stelle, „nur die Kultur der letzte Zweck sein, den man der
Natur in Ansehung der Menschengattung beizulegen Ursache
hat." Die Kultur aber (im transitiven Sinne des Wortes) ist
nach Kant „die Hervorbringung der Tauglichkeit eines vernünftigen Wesens zu beliebigen Zwecken überhaupt".
(S. 323.)

Versteht man hier unter „Zwecken" die konstanten
Zwecke oder Wertungen, so fällt dieser Begriff der Kultur
mit dem im Vorangehenden entwickelten Begriff des absolut
Wertvollen zusammen. Freilich nur in diesem Falle; denn,
wird der Begriff des Zweckes so weit gefafst, wie das in der
neueren Psychologie zu geschehen pflegt, so hat jedes Streben
oder Begehren einen Zweck; und die „Tauglichkeit: sich selbst
überhaupt Zwecke zu setzen", wäre dann keineswegs das unbedingt Wertvolle. Wer heute dies, morgen unter gleichen
Bedingungen jenes, und so im Ganzen sehr vielerlei begehrt,
der ist vom sittlichen Ideal weiter entfernt, als jemand, der in
seinen einzelnen aktuellen Begehrungen vielleicht eine geringere

---

1) [19], S. 321—327.

92

Mannigfaltigkeit entwickelt, der aber eines größeren Reichtums an konstanten Wertzusammenhängen, einer größeren Spannkraft des Wertens sich erfreut. Kant führt hier, wie überall in seinen ethischen Untersuchungen, die Begriffe der „Freiheit", der „Vernunft" und der „Unabhängigkeit von der Natur" ein; er spricht von „freien Zwecken" oder „Zwecken der Vernunft" im Gegensatz zu den „Begierden" und „Trieben". Setzen wir an die Stelle dieser vieldeutigen Ausdrücke die einfache, aber fundamentale psychologische Unterscheidung zwischen Wertungen und bloß aktuellen Begehrungen, und verstehen wir unter der „Tauglichkeit: sich selbst überhaupt Zwecke zu setzen", als der sittlichen Kultur, die Energie des Wertens (im früher erörterten Sinne), — vielleicht würde Kant dagegen weniger Widerspruch erheben, als mancher unbedingte Kantianer.[1])

---

1) Gegen Ende seiner Einl. in d. Moralw. [31] (Bd. II, S. 355 ff. — leider bemerkte ich die Stelle erst, nachdem der Text der vorliegenden Arbeit bereits gedruckt war —) führt Simmel einen Gedanken aus, der dem oben erwähnten Kantischen nahe verwandt ist: Vielleicht habe die „bloße Form der Zwecksetzung", die „formale Funktion der Zwecksetzung überhaupt" „an sich einen Wert" und übertrage „denselben auf ihre Inhalte in dem Maße, in dem diese die Funktion selbst in sich kondensieren oder fördern" (385). Zugleich wird der Begriff der Zwecksetzung psychologisch genauer umgrenzt, als bei Kant: von Zwecken redet Simmel nicht, wo es sich um „einfache unmittelbare Wollungen" handelt, sondern nur da, wo man, um das Gewollte zu erreichen, erst irgendwelche notwendigen Mittel mit Erfolg wollen muß. — Es ist klar, daß wir es im letzteren Falle immer mit einem relativ konstanten Wollen zu thun haben. Aber die Funktion des Wertens, die Form des konstanten Begehrens im (oben erörterten) Sinne der Regelmäßigkeit erschöpft sich nicht in dieser Form der Zwecksetzung. Man kann — etwa auf dem Gebiete des Gelderwerbs — sehr „lange Bahnen" von Mitteln und Zwecken zu verfolgen imstande sein und doch im Ganzen eine relativ geringe Energie des Wertens besitzen. (Vgl. oben S. 77/8). Simmel berücksichtigt, wie mir scheint, neben den einzelnen Wollungen und Zweckreihen zu wenig das eigentliche Objekt der moralischen Beurteilung: den Habitus der Gesamtpersönlichkeit. Auch hält er, wie Kant, die Begriffe „Endzweck" und „absoluter Wert" nicht scharf

Es ist im Vorangegangenen (Kap. I.) darauf hingewiesen worden, dafs Kants Ethik nicht durchweg von der gleichen Fragestellung beherrscht wird, dafs im weiteren Verlauf seiner Untersuchungen das Problem sich ihm einigermafsen verschoben hat. Dennoch hat niemand die Grundfrage der Moral-philosophie deutlicher bezeichnet, als Kant, der sie an einer Stelle der Grundlegung (S. 64) folgendermafsen formuliert:

„Gesetzt aber, es gäbe etwas, dessen Dasein an sich selbst einen absoluten Wert hat, ... so würde in ihm, und nur in ihm allein der Grund eines möglichen kategorischen Imperativs, d. i. praktischen Gesetzes liegen." —

Die vorliegende Untersuchung sollte zur wissenschaftlichen Beantwortung dieser Frage einen Beitrag liefern.

genug auseinander. (Vgl. a. a. O. S. 410). Er unterzieht den Begriff des Endzwecks einer scharfsinnigen Kritik. Wenn er jedoch in dem gleichen Zusammenhange behauptet: „Der ethische Monismus setzt eine objektive Teleologie voraus", so kann er sich für diese Behauptung zwar einigermafsen auf Kant berufen; aber sie ist trotzdem unhaltbar, — auch wenn sie, wie bei Simmel, in skeptischer und nicht in metaphysisch-dogmatischer Form auftritt. — Ich glaube deutlich gemacht zu haben, dafs durch eine psychologische Theorie des absolut Wertvollen ein ethischer Monismus wissenschaftlich begründet werden kann ohne die empirisch unzulässige Annahme eines Endzwecks oder eines objektiven „Reiches der Zwecke" (Kant).

Litteratur.

1. Bericht über den III. internat. Kongrefs für Psychologie. München 1897.
2. Brentano, Vom Ursprung sittlicher Erkenntnis. Leipzig 1889.
3. Cohen, Kants Begründung der Ethik. Berlin 1877.
4. Cornelius, H., Psychologie als Erfahrungswissenschaft. Leipzig 1897.
5. v. Ehrenfels, Werttheorie und Ethik; Vierteljahrsschr. f. wiss. Phil. 1893/94.
6. Derselbe, System der Werttheorie, Bd. I. Leipzig 1897.
7. v. Giżycki, G., Moralphilosophie. Leipzig 1888.
8. Hegler, Die Psychologie in Kants Ethik. Freiburg i. B. 1891.
9. Herbart, Allgemeine praktische Philosophie (1808). Ges. W. ed. Hartenstein Bd. VIII.
10. Derselbe, Bemerkungen über die Ursachen, welche das Einverständnis über die ersten Gründe der prakt. Phil. erschweren (1812); ibid. Bd. IX.
11. Derselbe, Reden, gehalten am Geburtstage Kants (1810 u. 1833); ibid. Bd. XII.
12. Derselbe, Analytische Betrachtung des Naturrechts und der Moral (1836); Bd. VIII.
13. Höffding, Ethik. 1887, deutsch 1889.
14. Jhering, Der Zweck im Recht. Leipzig 1884/6.
15. Kaler, Die Ethik des Utilitarismus. Hamburg u. Leipzig 1885.
16. Kant, Kritik der reinen Vernunft (1781); ed. K. Kehrbach.
17. Derselbe, Grundlegung zur Metaphysik der Sitten; Originalausgabe. Riga 1785.
18. Derselbe, Kritik der praktischen Vernunft (1788); ed. Kehrbach.
19. Derselbe, Kritik der Urteilskraft (1790); ed. Kehrbach.
20. Kreibig, Geschichte und Kritik des ethischen Skeptizismus. Wien 1896.
21. Krueger, F., Ist Philosophie ohne Psychologie möglich? — München 1896.
22. Derselbe, Moral und Altruismus. „Die Kritik" 1897; Nr. 134.
23. Lehmann, O., Über Kants Prinzipien der Ethik und Schopenhauers Beurteilung derselben. Berlin 1880.

24. Lipps, Th., Grundthatsachen des Seelenlebens. Bonn 1883.
25. Derselbe, Kritik der Wundtschen Ethik; Götting. Gel. Auz. 1888, Nr. 6.
26. Derselbe, Bemerkungen zur Theorie der Gefühle; Vierteljahrsschr. f. wiss. Phil. Bd. XII.
27. Meinong, Psychologisch-ethische Untersuchungen zur Werttheorie. Graz 1894.
28. Derselbe, Über Werthaltung und Wert; Archiv f. system. Phil. 1895.
29. Mill, J. St., Utilitarianism. London 1864.
30. Schopenhauer, Die beiden Grundprobleme der Ethik; ed. Grisebach Bd. III.
31. Simmel, Einleitung in die Moralwissenschaft, 2 Bde. Berlin 1891/2.
32. Derselbe, Was ist uns Kant? Sonntagsbeil. d. Voss. Ztg. v. 6. Aug. 1896.
33. Stumpf, Psychologie und Erkenntnistheorie. Abh. d. baier. Ak. d. W. 1891.
34. Vorländer, der Formalismus der Kantischen Ethik in seiner Notwendigkeit und Fruchtbarkeit. Marburg 1893.
35. Windelband, Geschichte der Philosophie. Freiburg i. B. 1892.
36. Woltmann, Kritische und genetische Begründung der Ethik. Freiburg i. B. 1896.
37. Wundt, Logik, Bd. II. 2. 2. Aufl. Stuttgart 1895.
38. Derselbe, Ethik. 2. Aufl. Stuttgart 1892.
Nachtrag.
39. Schuppe, Grundzüge der Ethik und Rechtsphilosophie 1881.

Inhaltsübersicht.

www.ingramcontent.com/pod-product-compliance
Lightning Source LLC
Chambersburg PA
CBHW030837300326
41935CB00037B/583